Christian Kühl

Die 100 besten Tipps
Hausmittel für Katzen

gesund ernähren • natürlich pflegen • sanft heilen

LUDWIG

Inhalt

Katzentoilette, Schlafkorb und Kratzbaum sind wichtiges Zubehör, damit sich die Katze in einer Wohnung wohl fühlt.

Gesundheit und Wohlbefinden des Haustieres liegen in Ihrer Hand: Achten Sie auf die Bedürfnisse Ihrer Katze.

Vorwort

Albert Einstein und Mark Twain, Albert Schweitzer, Präsident Roosevelt und Königin Victoria von England haben eines gemeinsam: Sie alle hatten eine Schwäche für Katzen. Und das mit gutem Grund: Sie liebten die Eleganz und Grazie, die Eigenständigkeit und Vielseitigkeit dieser geschmeidigen Vierbeiner. Nicht erst in den letzten Jahrhunderten wurde die Katze geschätzt und geliebt. Schon in sehr frühen Kulturen wurde sie hoch verehrt. Es gibt bereits Felszeichnungen aus der Zeit um 7.000 v. Chr., auf denen Katzen dargestellt sind. Im Alten Ägypten betete man Katzen als Gottheit an. In Griechenland und im Römischen Reich war die Katze ein beliebtes Haustier. Sie war bald überall in Europa verbreitet.

1

Schutzimpfungen sind die einzig wirksame Vorbeugung gegen Virusinfektionen. Nach der Grundimmunisierung sollte die Impfung jährlich aufgefrischt werden.

Leichte Pflege

Die Beliebtheit von Katzen mag heute neben ihren vielen anziehenden Eigenschaften auch damit zusammenhängen, dass sie sich selbst in einer Stadtwohnung problemlos halten lassen. Anders als Hunde müssen sie nicht ausgeführt werden, und für ihre Körperpflege sorgen sie selbst. Zur Fürsorge für die Hauskatze gehört neben der richtigen Ernährung in erster Linie eine regelmäßige Untersuchung ihres Gesundheitszustandes. Dazu zählen eine jährliche Blutuntersuchung, um die Funktion der Organe zu kontrollieren, und ein EKG. Viele Krankheiten lassen sich bei Früherkennung gut behandeln. Eine Kotprobe soll sicherstellen, dass kein Wurmbefall vorliegt – und eine regelmäßige Gewichtskontrolle zeigt, ob die Katze zu gut ernährt wird oder ob Gewichtsverminderung als Symptom für eine versteckte Krankheit vorliegt. Auch Katzen, die keine Freigänger sind, sondern nur in der Wohnung leben, werden von Krankheiten nicht verschont. Wir selbst als Halter und unsere Besucher tragen massenweise Krankheitserreger in den Lebensraum der Katze.

2

Mit einer Katze holen Sie sich Verantwortung für ein Lebewesen ins Haus. Informieren Sie sich daher, was Ihr neuer Hausgenosse an Zuwendung und Pflege braucht.

Hausmittel für Katzen

Beugen Sie Schmerzen und Krankheiten bei Ihrem Haustier vor – und zwar mit den bewährten Naturheilmitteln zur Stärkung des Immunsystems. Nutzen Sie die schonenden Heilkräfte der Natur – oft bekommen Sie diese fast zum Nulltarif. Und Sie werden feststellen: Ihre Katze fühlt sich wohl und ist aktiv. Altbewährte Hausmittel sind es auch, die Sie einsetzen können, um sanft zu heilen, wenn doch einmal eine Erkrankung eintritt.

3

Probieren Sie die Behandlungsmethode aus, die Ihnen am Erfolg versprechendsten erscheint und versuchen Sie Alternativen, wenn eine Besserung ausbleibt.

Ganzheitlich heilen

Alternative Behandlungsmethoden wie beispielsweise die Phytotherapie (Pflanzenheilkunde) und die Homöopathie dienen nicht vorrangig der Symptombekämpfung, sondern bemühen sich um eine Beseitigung der Krankheitsursachen. Diese ursächliche Heilung ist meist nur bei einer ganzheitlichen Betrachtung möglich, das heißt, der kranke Organismus wird insgesamt in die Behandlung einbezogen – die Therapie wird dabei also nicht ausschließlich auf das Organsystem beschränkt, das zur Zeit gerade Probleme bereitet.

Praktische Tipps

In den nachfolgenden Kapiteln erhalten Sie eine ganze Reihe von Behandlungstipps für alle möglichen Krankheitssymptome. Mit Hilfe dieser Anregungen können Sie zur Selbsthilfe greifen und Ihrer Katze auch einmal mit »Hausmitteln« helfen. Ich habe aus den verschiedenen alternativen Heilmethoden diejenigen für Sie ausgesucht, die größtmöglichen Erfolg versprechen und dabei mit Ihrem Tier schonend umgehen. Oft werden Sie für gleiche Symptome unterschiedliche Behandlungsansätze finden. Das Beste für Ihre Katze herauszufinden ist Ihre Aufgabe. Ihre Katze wird Ihnen Ihre Mühe mit einem zufriedenen und langen Leben danken.

Christian Kühl

Ein junges Kätzchen erkundet neugierig seine Umwelt.

Die gesunde Katze

Katzen gehören zu den Säugetieren – wie Hunde und Menschen auch. 4.500 Jahre Gemeinschaft mit uns haben sie kaum verändert, ganz im Gegensatz zu den Hunden. Ihre Erbanlagen, ihre Instinkte, ihr Sozialleben, ja sogar ihre Körperform und ihr Aussehen haben die Jahrtausende weitgehend unverändert überstanden.

Was Sie über Katzen wissen sollten

Die Lebensdauer von Katzen liegt bei 16, 18 oder mehr Jahren, etwa bei Siamkatzen. Sie stellen sich also mit ihrem neuen Hausgenossen auf einen Mitbewohner ein, der viele Jahre mit Ihnen teilen wird.

Die Entwicklungsstufen

Katzen entwickeln sich innerhalb von 60 bis 65 Tagen im Körper des Muttertieres. Eine Siamkatze kann auch über den 70. Tag hinaus trächtig sein. Die kleinen Kätzchen werden blind geboren. Ab dem siebten bis zehnten Tag öffnen sie die Augen, ab dem 20. Tag beginnen die vorwitzigsten von ihnen aus der Kiste zu krabbeln. Nach zehn bis zwölf Wochen können sie ein eigenständiges Leben beginnen – das Absetzalter ist erreicht. Dies ist auch der richtige Zeitpunkt, um ein Kätzchen bei sich aufzunehmen, denn es hat drei Monate Zeit gehabt, sich im Geschwisterverband zurechtzufinden und die ersten Erziehungsmaßnahmen durch erwachsene Tiere zu erfahren.

4

Im Alter von zwei bis drei Wochen bekommt ein junges Kätzchen seine ersten Milchzähne. Drei Monate später werden diese Zähne nach und nach durch das bleibende Gebiss ersetzt.

Die Zähne

Das Milchgebiss der jungen Katze besteht aus 26 Zähnen: Im Ober- und im Unterkiefer sind jeweils sechs Schneide- und zwei Hakenzähne (Eckzähne) zu finden. Im Oberkiefer folgen dann nach hinten auf jeder Seite drei so genannte Vorbackenzähne, im Unterkiefer sind es rechts und links nur zwei. Blickt man von vorn auf das Gebiss und denkt sich eine Linie senkrecht durch den Nasenspiegel und eine andere waagerecht zwischen Ober- und Unterkiefer, so kann man in dieses Kreuz den Zahnbestand eintragen – eine Zahnformel entsteht. Die Zahnformel für ein vollständiges Milchgebiss der Katze lautet:

3	1	3	3	1	3
2	1	3	3	1	2

Nach etwa sechs Monaten ist der Zahnwechsel abgeschlossen, und die Katze hat nun 30 Zähne, denn es ist zu den Vorbackenzähnen je ein Backenzahn hinzugekommen. Die Zahnformel für ein vollständiges Erwachsenengebiss der Katze lautet:

4	1	3	3	1	4
3	1	3	3	1	3

5

Das Körpergewicht einer ausgewachsenen gesunden Kätzin beträgt etwa vier Kilogramm – abhängig natürlich von Rasse und individueller Veranlagung. Kater sind meist ein, manchmal sogar zwei bis drei Kilogramm schwerer.

Der Körperbau

Für eine Katze ist das Fell ganz wichtig. Es wärmt und schützt vor Verletzungen. Der Katzenpelz besteht aus kurzer Unterwolle, langen Leithaaren und den Oberhaaren oder Grannen, die das Deckhaar bilden und das glänzende Fell der Katze ausmachen. Die Haarlänge variiert – genetisch bedingt – von Rasse zu Rasse und von Tier zu Tier. Pigmenteinlagerungen sind für die vielen unterschiedlichen Farbzeichnungen der Katzen verantwortlich. Bei Rassekatzen ist die Färbung jüngerer Kätzchen oft anders als beim erwachsenen Tier.
Haut und Fell liegen auch bei der erwachsenen Katze nicht sehr eng am Körper an. Das bietet einen wichtigen Vorteil: Diese geradezu legere »Kleidung« schützt bei Kämpfen vor Bissverletzungen, sorgt aber auch für die Aufrechterhaltung der richtigen Körpertemperatur. Die richtige Körpertemperatur einer Katze beträgt im Normalfall zwischen 37,8 °C und 39,3 °C. Das Herz dieser Tiere schlägt 110- bis 130-mal in der Minute.

Ihre scharfen Sinne machen die Katze zu einem geschickten Raubtier.

Die Geschlechtsreife

Im Alter von etwa sieben bis acht Monaten ist eine weibliche Katze geschlechtsreif, Kater mit etwa acht bis neun Monaten. Ausnahmen bestätigen allerdings die Regel.
Die Brunst oder »Rolligkeit« tritt zwei- bis dreimal pro Jahr, manchmal auch noch häufiger auf und dauert zumeist sieben Tage. Bei der Kätzin äußert sie sich durch Unruhe und Rastlosigkeit, sie gibt Laute von sich wie ein weinendes kleines Kind und will dauernd gestreichelt werden. Kater streunen in dieser Zeit auf der Suche nach Kätzinnen, fressen kaum mehr und kommen oft arg zerzaust von Kämpfen mit Rivalen nach Hause.

6

Der Ausdruck »Rolligkeit« kommt von den schlängelnden Bewegungen, die die Kätzin in ihrer empfängnisbereiten Phase macht, wenn sich ihr ein Kater nähert.

Die Augen

Durch die besondere Form und die stark gekrümmten Linsen sowie eine das Licht reflektierende Schicht über der Netzhaut – das Tapetum lucidum – können Katzen selbst in fast vollständiger Dunkelheit noch ausgezeichnet sehen – ein großer Vorteil bei ihren nächtlichen

Beutezügen nach Nahrung. Das Auge einer Katze ist sechsmal so lichtempfindlich wie das des Menschen, es muss sich nicht an Helligkeitsveränderungen gewöhnen. Selbst wenn ihr Blick geradeaus gerichtet ist, nimmt sie wahr, was links und rechts knapp hinter ihren Ohren geschieht, denn ihr Gesichtsfeld umfasst mehr als 180 Grad.

7

Kater sind mit acht bis neun Monaten geschlechtsreif. Der Hodenabstieg ist meist schon bei der Geburt abgeschlossen, kann sich aber mitunter bis zum Eintritt der Geschlechtsreife verzögern.

Die Ohren

Die Ohren nehmen auch noch Geräusche im Ultraschallbereich wahr und sind besonders im Zusammenspiel mit den anderen Sinnesorganen eine hervorragende Ergänzung beim Aufspüren von Beute.

Der Geruchssinn

Bei der Jagd ist der Geruchssinn der Katze nicht so ausgeprägt wie bei Hunden, sie setzt ihn vor allem im sozialen Bereich ein. Katzen können sich am Geruch erkennen. Und sie haben ein zusätzliches Geruchsorgan. Sie nehmen Duftmoleküle aus der Luft mit einem Sinnesorgan im Gaumen – dem Jacobsonschen Organ – wahr.

Die Raumorientierung

Die Schnurrhaare auf der Oberlippe, die als Endborsten hochsensibler Nervenzellen weit aus der Haut herausragen, dienen der Raumorientierung der Katze und ermöglichen ihr, sich in dunkler Umgebung voller Hindernisse sicher zu bewegen und Beute zu machen. Exakter Tast- und Gleichgewichtssinn helfen bei der Orientierung.

8

Mit Hilfe von 30 Muskeln kann eine Katze ihre Ohren in alle Richtungen drehen und dadurch Geräusche optimal orten.

Das Gleichgewichtsorgan

Das im Innenohr liegende Gleichgewichtsorgan reagiert in Sekundenbruchteilen und löst einen so genannten Stellreflex aus, der bei Sprüngen aus großer Höhe dafür sorgt, dass die Katze auf ihren vier Pfoten landet. Der Schwanz hält dabei die Balance, der aufgeplusterte Körper wirkt als »Fallschirm«. Kein Wunder also, wenn immer wieder berichtet wird, dass Katzen mehrere Stockwerke hinunterfallen, ohne Schaden zu nehmen, während sie sich bei einem an sich harmlosen Sturz aus wenigen Metern Höhe schwer verletzt haben.

9

Stürze aus geringer Höhe bereiten der Katze größere Schwierigkeiten, da der Stellreflex nicht vollständig wirkt: Durch die kurze Fallzeit kann die Katze sich nicht so weit drehen, um sicher auf ihren Pfoten zu landen.

Der Geschmackssinn

Auch der Geschmackssinn ist stark ausgeprägt, wenngleich die Katze keine Geschmacksknospen besitzt, um Süßes zu schmecken. Die meisten Katzen sind sehr wählerisch, was ihre Ernährung anbelangt.

Die Kondition

Große Ausdauer und Durchhaltevermögen haben Katzen allerdings nicht: Ihr Körper ist für schnelle Sprints und für kurzfristige große Kraftentwicklung geschaffen. So beschleunigen Katzen schnell auf enorme Geschwindigkeiten, schnelle und besonders gute Langstreckenläufer sind sie dagegen nicht. Sie springen erstaunlich weit und klettern kräftig und behände; sind sie jedoch nicht auf der Flucht oder auf Beutejagd, dann ermüden sie relativ schnell.

Diese Katze ist auf der Lauer, wie ihre gespitzten Ohren zeigen.

So sieht die gesunde Katze aus

Gesunde Katzen erkennt man an ihrem lebhaften, freundlichen Wesen, an ihrer Freude am Spiel und ihrem meist überschäumenden Temperament. Ganz anders wirken Tiere, die mit einer Krankheit zu kämpfen haben: Sie sind meist ziemlich apathisch und geben sich scheu. Es kann auch vorkommen, dass sie sehr aggressiv sind.

Auf einen schlechten Gesundheitszustand weisen hin:

- Das Tier hat Durchfall.
- Die Katze niest häufig.
- Das Fell der Katze ist abstehend und lückenhaft.
- Die Augen der Katze sind verklebt.
- Die Katze wirkt matt.

Wollen Sie ein junges Kätzchen bei sich aufnehmen, achten Sie zusätzlich darauf, dass es mindestens elf Wochen alt ist. Vor der elften Woche sollte das Katzenbaby nicht von seiner Mutter getrennt werden.

10

Betrachten Sie den Gesundheitszustand einer Katze, dann sollten Sie auch ihr Lebensalter mit einbeziehen, denn so manche »Zipperlein« sind altersbedingt und daher völlig normal.

Checkliste zur Gesundheit

- Ist das Fell frei von Parasiten? Ist es kräftig und geschlossen?
- Sind die Augen offen und nicht verklebt?
- Leuchten die Augen klar?
- Sind die Ohren sauber, die Zähne weiß?

So alt ist Ihre Katze

Eine gängige Methode, um das Alter einer Katze mit dem eines menschlichen Organismus vergleichen zu können, ist die Multiplikation mit dem Faktor »Sieben«. Eine einjährige Katze wäre danach also einem siebenjährigen Menschen vergleichbar, eine zweijährige einem vierzehnjährigen und eine zwanzigjährige wäre bezüglich der körperlichen Entwicklung gar einem Menschen von 140 Jahren gleichzusetzen. Diese starre Berechnungsmethode mag ganz praktikabel sein, den tatsächlichen Verhältnissen wird sie hingegen kaum gerecht. Denn der Alterungsprozess verläuft nicht geradlinig.

11

Die Faustregel: »Ein Katzenjahr entspricht etwa sieben Menschenjahren« ist sehr ungenau. Und »sieben Leben« hat eine Katze leider auch nicht.

Entwicklungssprünge

Sehr viel aussagekräftiger ist der Ansatz, der auch die Entwicklungssprünge des Tieres mit einbezieht und den Alterungsprozess in seiner Unregelmäßigkeit berücksichtigt. Auf diese Weise ist die Berechnung zwar komplizierter, aber sie liefert genauere Ergebnisse.

Zu Beginn ihres Lebens entwickelt sich eine Katze sehr schnell, so dass sie nach einem Jahr ein Entwicklungsstadium erreicht hat, das dem eines 15-jährigen Menschen entspricht. Nach zwei Lebensjahren hat die Katze die Stufe eines jungen Erwachsenen erreicht, erste Erfahrungen gesammelt, vielleicht auch einige unliebsame Gewohnheiten ausgebildet. Ein Mitzwanziger wäre ihr wohl am ehesten vergleichbar. Danach altert die Katze in einem Kalenderjahr etwa um vier »Menschenjahre«. So erleben nicht alle Katzen ihr 14. Katzenjahr, obwohl sie dann eigentlich erst 25 + 12 x 4 = 73 Jahre alt sind. Eine Katze, die tatsächlich 16 und mehr Jahre alt wird, hat daher schon ein sehr langes Katzenleben hinter sich. Jenseits des 18. Kalenderjahres, das Ihre Katze erleben darf, verlangsamt sich der Alterungsprozess, so dass ein Menschenjahr etwa drei Katzenjahren entspricht.

12

Mit nachfolgender Alterstabelle können Sie schnell und einfach ermitteln, wie alt Ihre Katze im Vergleich zum Alter des Menschen ist.

Alterstabelle

Die nachfolgende Tabelle soll Ihnen helfen, das Katzenalter im Vergleich zum Menschenalter schnell einstufen zu können. Vergessen Sie dabei aber bitte nicht, dass das Alter nicht alles über den Gesundheitszustand eines Tieres aussagt.

Ähnlich wie bei uns Menschen können manche hochbetagte Katzen noch sehr fit und lebhaft sein, andere dagegen müssen mühsam das Fensterbrett erklimmen, obwohl Sie noch gar nicht besonders alt sind. Entscheidend ist der Allgemeinzustand.

Lebensalter der Katze im Vergleich

Katze	Mensch	Katze	Mensch	Katze	Mensch
2 Monate	9 Monate	5 Jahre	37 Jahre	14 Jahre	73 Jahre
3 Monate	12 Monate	6 Jahre	41 Jahre	15 Jahre	77 Jahre
4 Monate	2 1/2 Jahre	7 Jahre	45 Jahre	16 Jahre	81 Jahre
6 Monate	12 Jahre	8 Jahre	49 Jahre	17 Jahre	85 Jahre
12 Monate	15 Jahre	9 Jahre	53 Jahre	18 Jahre	89 Jahre
14 Monate	18 Jahre	10 Jahre	57 Jahre	19 Jahre	92 Jahre
2 Jahre	25 Jahre	11 Jahre	61 Jahre	20 Jahre	95 Jahre
3 Jahre	29 Jahre	12 Jahre	65 Jahre	21 Jahre	98 Jahre
4 Jahre	33 Jahre	13 Jahre	69 Jahre	22 Jahre	101 Jahre

Das Immunsystem der Katze

Ein ausgeklügeltes Immunsystem sorgt dafür, dass die Katze gesund bleibt: Die Haut, die Schleimhaut und die Darmbakterien stellen eine erste Barriere für Krankheitskeime dar. Riesenfresszellen bewegen sich auf Fremdkörper im Blut zu, nehmen diese in sich auf und verdauen sie. Das Knochenmark stellt ständig weiße Blutkörperchen her, diese produzieren Antikörper gegen die Krankheitserreger. Im Blut werden zur gleichen Zeit Gedächtniszellen gebildet, die im Falle einer zweiten Infektion mit dem gleichen Erreger die Immunabwehr sehr viel schneller zum Einsatz bringen. Damit werden die Krankheitsverursacher beim zweiten Mal unschädlich gemacht, bevor sie sich stark vermehrt haben. Die Krankheit bricht nicht aus – der Körper der Katze ist dagegen immunisiert. Antikörper können nicht in Zellen eindringen. So genannte Killerzellen greifen diejenigen Zellen des Katzenkörpers an, die schon vom Krankheitserreger befallen sind, und lösen sie auf. Dabei werden die in den Zellen vorhandenen Viren zerstört. Im Lymphgefäßsystem warten Abwehrzellen auf ihren Einsatz. Sie sollten alles daran setzen, Ihrer Katze dieses System der Krankheitsabwehr zu erhalten und ihre Immunkräfte zu stärken.

13

Tragen Sie zur Stärkung des Immunsystems Ihrer Katze bei, indem Sie sie gut ernähren, sich um regelmäßige Vorsorge kümmern und ihr im Krankheitsfall optimale Hilfe zukommen lassen.

Das katzengerechte Zuhause

Kippfenster werden für Katzen leicht zur tödlichen Gefahr.

Ihrer Katze ein gesundes Umfeld zu schaffen bedeutet, ihr ein langes, gesundes Leben zu ermöglichen. Ein guter Grund, sich ein paar Gedanken über die richtigen Lebensbedingungen für Katzen zu machen.

Alltägliche Gefahren

Hinter fast jeder Ecke lauern Gefahren für eine Katze. Ein katzengerechtes Heim sollte so ausgestattet sein, dass sich die Katze nicht selbst verletzt oder an vermeintliches Spielzeug gerät, das ihr gefährlich werden kann. Schalten Sie Gefahrenquellen gezielt aus.

Gefährliches Spielzeug

Knöpfe, Nadeln, Heftzwecken und Nägel bergen Gefahren für Ihren Liebling, aber auch herumliegende Plastiktüten sind gefährlich, in die besonders kleine Katzen krabbeln und leicht ersticken können. Beseitigen Sie kleine Gummi- und Plastikteilchen, mit denen Katzen gerne spielen, die sie aber auch leicht verschlucken.

14

Drahtgitter für den Fensterschutz erhalten Sie in jedem Baumarkt. Schneiden Sie das Gitter auf die passende Größe zu.

Falle Kippfenster

Beim Versuch, durch den Fensterschlitz eines Kippfensters nach draußen zu gelangen, klemmen sich Katzen schnell ein und ziehen sich gefährliche Quetschungen innerer Organe oder der Wirbelsäule zu. Nicht selten gehen solche Unfälle für das Tier tödlich aus. Abhilfe können Sie durch passende Drahtgitter schaffen. In den Fensterspalt fest eingepasst, verhindern sie das Schlimmste. Ventilatoren sollten engmaschige Schutzgitter haben.

Strom

Das Knabbern an Elektrokabeln müssen Sie Ihrer Katze von Anfang an abgewöhnen. Steckdosen lassen sich durch Kindersicherungen auch gegen neugierige Katzen wirkungsvoll absichern.

Erstickung

Katzen lieben es, sich zu verstecken und geheimnisvolle dunkle Winkel zu erforschen. Offene Schubladen und Schranktüren, aber auch geöffnete Waschmaschinen und Backöfen sind für eine Katze ideale mollige Plätze zum Kuscheln. Deshalb sollten Sie niemals ohne vorherige Kontrolle eine Türe schließen.

Verbrennung

Elektrische Heizgeräte und Öfen können den Katzenpelz ebenso versengen wie heiße Herdplatten und Bügeleisen. Auch heiße Kochtöpfe haben schon schlimme Verbrennungen verursacht. Verbannen Sie Tiere daher grundsätzlich aus der Küche, wenn Sie kochen.

Vergiftung

Offen stehende Farben, Holzschutzmittel, Reinigungs- und Lösungsmittel, Medikamente sowie Zigaretten, Tabakreste und Ähnliches können bei Katzen schwere Vergiftungen auslösen, denn Katzen werden von solchen giftigen Stoffen nicht unbedingt abgeschreckt. Schlaf- und Beruhigungsmittel, sogar Frostschutzmittel enthalten Substanzen, die auf Katzen anziehend wirken.

Ertrinken

Gefüllte Badewannen im Haus und Regentonnen im Garten können für Katzen zur tödlichen Falle werden. Lassen Sie Ihre Katze nicht unbeaufsichtigt im Bad herumtollen, während das Wasser einläuft,

15

Verschließen Sie Medikamente, Putzmittel oder Farben sorgfältig, damit die Katze solche gefährlichen Stoffe nicht erreicht.

16

Elektrogeräte können leicht zur Gefahr für eine Katze werden, denn Katzen knabbern beim Spielen auch Kabel an.

17

Eine Katze braucht nur wenig, um sich daheim wohl zu fühlen. Am wichtigsten sind liebevolle Pflege und Fürsorge.

und decken Sie Regentonnen gut ab. Haben Sie einen Swimmingpool, dann legen Sie ein schräg gestelltes Brett hinein, das ihrer Katze, aber auch anderen Tieren das Herausklettern ermöglicht.

Katzenzubehör

Richten Sie das Katzenzuhause mit allem nötigen Zubehör ein. Katzen brauchen nicht viel, aber es sollte ihrer Lebensweise entsprechen und ihrem Verhalten angepasst sein. Die folgende Liste zeigt Ihnen, was eine Katze braucht, um sich wohl zu fühlen.

Ihre Katze braucht:

- ▶ einen Schlafkorb, in dem sie ausruhen und schlafen kann.
- ▶ einen Transportkorb, aus dem sie nicht entwischen kann, wenn sie zum Arzt oder an einen anderen Platz gebracht werden soll.
- ▶ eine weiche Decke, um sich zum Schlafen einzukuscheln.
- ▶ eine Katzentoilette und Streu zum regelmäßigen Wechseln.
- ▶ einen Fress- und einen Trinknapf (möglichst aus Edelstahl).
- ▶ Spielzeug, wie kleine Gummibälle, Mäuschen oder Papier.
- ▶ Pflegeartikel, etwa Kamm und Haarbürste zum Striegeln des Fells.
- ▶ Futter, wie sie es mag und wie es ihr gut tut.

18

Wenn Sie unter die Wasser- und Fressgefäße Gummiringe von Einmachgläsern kleben, verhindern Sie das lästige Verrutschen der Näpfe beim Trinken und Fressen.

Der Fressplatz

Als Fressplatz für Ihr Tier sollten Sie ein ruhiges Plätzchen auswählen, an dem es ungestört fressen kann. Geben Sie das Futter immer am einmal festgelegten Ort: Wechseln Sie nicht. Trennen Sie Wasserschüssel und Fressnapf sehr deutlich voneinander.

Der Kratzbaum

Katzen schärfen ihre Krallen nicht ausschließlich, um diese als wirksame Waffen zur Jagd und zur Verteidigung zu benutzen, sondern auch, um ihre Dominanz im Revier darzustellen.

Allerdings ist dieses unvermeidliche Verhalten der Katze nicht unbedingt in der Wohnung angemessen und kann zu ärgerlichen Beschädigungen an Tapeten, Polstern und Möbeln führen. Ein Platz zum Krallenwetzen schafft hier Abhilfe. Einen oder mehrere Kratzbäume kann man auch sehr schnell selbst herstellen:

19

Zum artgerechten Verhalten einer Katze gehört das Krallenwetzen. Mit einem Kratzbaum »kanalisieren« Sie das Verhalten.

Bauanleitung für einen Kratzbaum

Sie brauchen: ein Vierkantholz • eine Grundplatte • mehrere Sperrholz- oder Tischlerplatten von etwa 30 x 30 Zentimeter Größe Winkeleisen • Teppichreste • ein Sisalseil

Verschrauben Sie das Vierkantholz mit einer ausreichend großen und schweren Grundplatte. Befestigen Sie die Tischlerplatten am Balken mit Hilfe der Winkeleisen. Bekleben Sie dann die Holzplatten mit Teppichbodenresten. Abschließend umwickeln Sie den Mittelbalken mit einem Sisaltau.

Als Alternative für den Kratzbaum empfiehlt sich das Anschrauben einer kräftigen Fußmatte an einer Zimmerwand. Mit vier Schrauben in die Wand gedübelt, kann eine solche Kratzmatte so manche Krallenattacke Ihrer Katze überstehen.

Katzenklo, verschließbarer Korb, Kratzbaum, Kämme und Spielzeug, mehr braucht eine Katze nicht – außer Liebe und Futter natürlich.

Katzenklappe

Wenn Ihr Tier das Glück hat, auch nach draußen laufen zu können, sollten Sie eine Katzenklappe installieren, dann kann die Katze aus- und eingehen, wie es ihrem Lebensrhythmus entspricht und ohne zu stören. Denn Katzen sind nachtaktive Lebewesen. Einziger Nachteil dieser Methode: Durch Katzenklappen können auch fremde Katzen ins Haus kommen. Manche Tierhalter helfen sich durch spezielle Halsbänder, die durch einen besonderen Magneten nur der eigenen Katze den Weg durch die Klappe öffnen.

Wichtig: Beachten Sie, dass Katzen geschlossene Türen in der Wohnung hassen, denn dadurch wird ihr Revier unterteilt – es ist also kein Wunder, wenn sie an verschlossenen Türen kratzen. Wenn Sie das vermeiden wollen, lassen Sie alle Türen soweit möglich offen stehen.

20

Wenn Sie sich entscheiden, ein »Katzenbett« zu kaufen, warten Sie damit, bis Ihre Katze ausgewachsen ist, und beobachten Sie, wo und wie Ihre Katze am liebsten schläft.

Schlafplatz

Ihre Katze wird sich mit Sicherheit selbst einen Schlafplatz aussuchen. An diesem selbst gewählten Platz sollten Sie es ihr mit einer Decke oder einem Kissen gemütlich machen. Ein paar Schichten Zeitungspapier als Unterlage schirmen die Kälte ab. Monatlich wird das Zeitungspapier erneuert und Decke oder Kissen gewaschen, um Haare oder Floheier zu entfernen. Folgende Regeln für einen gemütlichen Katzenschlafplatz sollten Sie beachten: Am Katzenschlafplatz sollten weder Zugluft noch Lärm herrschen. Er sollte groß genug sein, damit die Katze sich ausstrecken kann. Katzen lieben es, wenn sie erhöht schlafen, denn das gibt ihnen das Gefühl der Sicherheit. Im Fachhandel gibt es Schlafkörbe in allen Variationen, für jeden Geschmack und Geldbeutel. Bedenken Sie vor dem Kauf: Manche Tiere schlafen zusammengerollt, andere hingegen wollen lang ausgestreckt schlummern. Dementsprechend kommen manche größere Katzen mit einem kleinen Katzenbett aus, andere brauchen ein großes Bett, um sich dort wohl zu fühlen und es überhaupt anzunehmen.

Das selbst gebaute Katzenhaus

Wenn Sie Spaß an handwerklichen Aktionen haben, dann können Sie natürlich auch zu Schere und Klebstoff greifen und Ihrer Katze selbst ein hübsches Häuschen zurechtmachen. Daran haben dann die Katze und Sie ihre Freude.

Bauanleitung für ein Katzenhaus

Für ein gemütliches Katzenhaus brauchen Sie: einen großen Karton, am besten einen Umzugskarton oder die Verpackung eines großen Elektrogeräts • Fellreste oder Fellimitat • Fleece-Stoff oder Plüsch • doppelseitiges Klebeband • eine Bastelschere.

Schneiden Sie zuerst den Karton, der Ihrer Katze ein bequemes Ausstrecken ermöglichen sollte, zurecht. Wenn Sie die Kartonklappen aufstellen und oben am First zusammenkleben, erhalten Sie ein schräges Giebeldach, oder Sie kleben die Klappen zu einem Flachdach zusammen.

Schlagen Sie dann den Karton außen (wegen der Optik) und innen (wegen der Gemütlichkeit) großzügig mit dem ausgewählten Stoff aus, und befestigen Sie diesen mit doppelseitigem Klebeband.

> **Tipp:** Allzuviel Verzierungen sollten Sie am Katzenhaus nicht anbringen, denn die Lebensdauer solcher kleinen Attribute ist meist gering. Die Katze hat vor allem Spaß daran, sie wieder abzukratzen.

21

Mit einem angefeuchteten Schwamm lassen sich Katzenhaare ganz problemlos von Teppichen und Möbelpolstern entfernen.

Problem Katzenhaare

Eine Katze, die sich im Haus frei bewegt, kann gar nicht anders, als überall Haare zu verbreiten. Nicht immer ist das auch für die menschlichen Hausbewohner angenehm. Aber es gibt Abhilfe:

- Sprühen Sie den Teppich oder Teppichboden mit einer Lösung aus Wasser und Weichspüler (im Verhältnis 5:1) leicht ein.
- Lassen Sie den Teppich trocknen, und saugen Sie ihn anschließend sorgfältig ab. Sie werden vom Erfolg verblüfft sein!

Katzen genießen es, wenn ihr Fell sanft gebürstet wird.

Richtige Katzenpflege

Damit eine Katze sich rundum wohl fühlt, muss sie ihrer Art entsprechend gehalten und gepflegt werden. Nur so bleibt sie gesund und lebhaft, neigt zum Spielen und Herumtollen und wird Ihnen viel Freude bereiten. Beginnen wir mit dem Fell der Katze.

Fellpflege

Prinzipiell sind Katzen sehr reinliche Tiere und pflegen sich ausreichend. Mitunter kann es trotzdem notwendig sein, das Katzenfell zu pflegen. So erreichen etwa beleibte Katzen nicht immer alle Fellpartien. Das Fell der verschiedenen Katzenrassen verlangt unterschiedliche Pflege. Zudem ist es von Bedeutung, ob eine Katze ausschließlich in der Wohnung gehalten wird oder ob sie auch draußen herumtollt.

Kurzhaarige Katzen

Hauskatzen und Kurzhaarrassen haben so feines Fell, dass man sie nur ab und zu bürsten oder kämmen muss, weil es nicht verfilzt und kaum schmutzig wird. Das einfache Abstreichen des Felles mit der Hand genügt meist, um lose Haare zu entfernen. Katzen lieben diese Behandlung und sollten sie einmal pro Woche genießen dürfen.

22

Falls doch einmal das Kämmen notwendig wird, dann ist ein Metallkamm besonders gut geeignet – bei Kurzhaarkatzen sollte es ein Kamm mit gleich langen Zinken sein.

Langhaarige Katzen

Haben Sie eine langhaarige Katze, etwa eine Perser- oder Birmakatze, ausgewählt, haben Sie sich zugleich für eine intensive Fellpflege entschieden. Tägliches Bürsten ist Pflicht, sonst verfilzt und verknotet sich das Fell. Katzen leiden unter verfilztem Fell und fühlen sich krank. Knoten sollten Sie vorsichtig mit den Fingern lösen. Damit der Pelz nicht so schnell verfilzt, regelmäßig Talkumpuder einkämmen.

Freilaufende Katzen

Freilaufende Katzen, brauchen ab und zu Unterstützung bei der Fellreinigung, kommen sie doch gelegentlich mit stark verschmutztem Fell nach Hause. In solchen Fällen ist ein Bad anzuraten. Folgendermaßen gehen Sie vor:

- Füllen Sie eine Badewanne mit so viel lauwarmem Wasser, dass es der Katze gerade an den Bauch reicht.
- Wenn Sie eine handelsübliche Gummibadematte in die Wanne legen, hilft dies der Katze enorm, den Halt nicht zu verlieren.
- Ein schwimmendes Spielzeug kann für Ablenkung sorgen und Ihnen die Arbeit erleichtern.
- Feuchten Sie das Fell an, massieren Sie ein rückfettendes Shampoo leicht ein, und spülen Sie die Haare anschließend gründlich aus.
- Trocknen Sie das feuchte Fell mit einem sauberen Handtuch sorgfältig ab, bevor Sie Ihre Katze an der Luft trocknen lassen.
- Vergewissern Sie sich, dass Ihre Katze sich an einem warmen, zugluftfreien Ort im Haus aufhält, bis sie gänzlich trocken ist. Erlauben Sie es ihr vorher nicht, in kältere Räume oder gar ins Freie zu gehen. Auch Katzen können sich erkälten!

23

Sie können das Handtuch zum Abtrocknen der Katze vorher über einer Heizung oder im Wäschetrockner anwärmen – das mögen Katzen besonders gern.

Tipp: Falls Ihre Katze ein Bad nicht besonders schätzt, dann versuchen Sie es mit Trockenschaumshampoo. Das ist auch dann geeignet, wenn das Tier krank ist oder sich noch auf dem Wege der Genesung befindet – oder wenn Sie gemeinsam auf Reisen sind.

Der Fellwechsel

Zweimal im Jahr, nämlich im Frühling und im Herbst, wechseln freilaufende Katzen ihr Fellkleid. Die Wohnungskatze verliert das ganze Jahr über Haare. Sie können den Fellwechsel dadurch auf natürliche Weise stimulieren, indem Sie Ihr Tier von Zeit zu Zeit Temperaturreizen aussetzen: Lassen Sie Ihren Stubentiger in ein unbeheiztes Zimmer oder an kälteren Tagen ruhig auch einmal auf den Balkon.

24

Wenn Sie dem Fell ihrer Kurzhaarkatze besonderen Glanz verleihen wollen, reiben Sie es anschließend noch mit einem Wildledertuch ab.

Große Reinlichkeit: Für ein sauberes Fell sorgt die Katze am liebsten selbst.

25

Ist eine Katze krank, haart sie oft sehr viel stärker als ein gesundes Tier. Sie braucht dann Ihre Hilfe bei der täglichen Fellpflege: Bürsten Sie das Fell, und sprechen Sie dabei beruhigend auf Ihre Katze ein.

Reinigungsmaßnahmen

Neben der Pflege des Fells sind von Zeit zu Zeit noch andere hygienische und gesundheitsverbessernde Maßnahmen für das Wohlbefinden der Katze nötig, ganz besonders dann, wenn die Katze erkrankt ist. Die Zutaten für die kleine Katzen-Hausapotheke sind nicht besonders aufwändig und meist ohnehin vorrätig.

▶ Einfache Nasenkatarrhe gehen fast immer ohne großartige Behandlungen in wenigen Tagen vorbei. Hartnäckige Ausscheidungen an den Nasenlöchern lassen sich mit ein wenig Melkfett oder Vaseline hervorragend beseitigen.

▶ Verklebte Augen und verkrustete Nasenspiegel reinigt man am besten mit feuchten Papiertüchern. Das Gleiche gilt auch für den After, dessen Reinigung ein krankes Kätzchen oft vernachlässigt.

▶ Der After sollte bei Kätzinnen stets zur Schwanzwurzel hin gereinigt werden, damit keine Kotreste an die Vaginaöffnung gelangen.

▶ Ist die Haut im Analbereich gerötet, so kann nach einer vorsichtigen Säuberung und Trocknung etwas Zinksalbe oder Wundgel aufgetragen werden, um die Reizung zu lindern.

▶ Zum Reinigen kleinerer Wunden oder zum Sauberwischen der Augen eignet sich Salzlösung. Lösen Sie einen halben Teelöffel Salz in einem halben Liter abgekochtem Wasser auf.

▶ Wenn Sie sich mit der Homöopathie bereits etwas vertraut gemacht haben, empfiehlt sich zur intensiven Reinigung der Augen Euphrasia extern, 1 : 10 verdünnt.

26

Die Augen müssen von außen nach innen (also zur Nasenwurzel hin) ausgewischt werden, damit nichts in die Lidfalte gerieben wird.

Heilende Kräuterauszüge und Öle

Wenn Ihr Tier stets tränende Augen hat, sollte Sie das aufmerksam machen. Ebenso ist zäher, gelbgrüner Ausfluss verdächtig. Wischen Sie jeden Morgen das Auge der Katze vorsichtig von außen nach innen aus. Als Pflegesubstanz für das Auge empfiehlt sich ein schwacher Kamillenauszug (aus der Apotheke) oder ein Kamillenaufguss.
So stellen Sie ihn her:

Kamillenaufguss

Übergießen Sie 2 Teelöffel Kamillenblüten mit 1/4 Liter kochendem Wasser. 10 Minuten ziehen lassen, dann abseihen. Lassen Sie die Mischung abkühlen. Tränken Sie einen Lappen mit dem Kamillenaufguss, und wischen Sie damit das Auge aus. Ein solcher Aufguss eignet sich auch zur Behandlung kleiner Wunden und Hautentzündungen.

Eventuell vorhandene Verkrustungen am Lidrand sollten Sie vorher mit klarem Wasser und ein wenig Zellstoff, beispielsweise mit einem Papiertaschentuch, aufweichen. Ballistol ist den meisten von Ihnen wahrscheinlich als Fein- oder Waffenöl bekannt. Die in diesem Öl enthaltenen Eiweißketten und aromatischen Ester haben aber auch eine hervorragende Heilwirkung. Ballistol kann äußerlich angewendet, aber auch eingegeben werden.

Wichtig: Falls Kamillenaufguss das Katzenauge eher reizt, können Sie auch eine Kräutermischung aus Schafgarbe, Eibisch und Salbei zu gleichen Teilen für den Aufguss verwenden.

27

Hartnäckige Absonderungen am Auge können gut aufgelöst werden, wenn Sie ein Leinentuch mit der Lösung tränken und damit das Auge auswischen.

28

Ohrenschmalz wird mit einem weichen Tuch oder Watte entfernt. Niemals Wattestäbchen verwenden; es droht sonst Verletzungsgefahr.

Anwendung von Ballistol

Äußerlich und innerlich bei Ohrentzündungen sowie bei Hautekzemen und Milbenbefall. Zur Wunddesinfizierung, etwa nach der Entfernung einer Zecke.

Flohbefall

Besteht Verdacht auf Flohbefall, so gibt es eine einfache Methode: Stellen Sie Ihre Katze auf ein weißes Blatt Papier. Rubbeln Sie die Haare gegen den Strich, und achten Sie darauf, ob sich kleine Krümel auf dem Papier sammeln. Ist das der Fall, verstreichen Sie ein paar der Krümel mit einer angefeuchteten Fingerkuppe. Ist der entstehende Schmierstreifen rotbraun gefärbt, so ist dies ein eindeutiger Beweis für einen Flohbefall – die Krümel sind Flohkot.
Ist der Flohbefall einmal erkannt, kann das lästige Ungeziefer durch die Wäsche mit Spezialshampoo bekämpft werden, das sie in der Apotheke bekommen. Oder lassen Sie es sich vom Tierarzt verschreiben.

29

Saugen Sie bei Flohbefall die Wohnung gründlich, vor allem auch in Ecken und Ritzen, denn Flöhe können etwa vier Monate ohne Nahrung überleben.

Wichtig: Verwenden Sie nie Flohpuder oder Parasitenspray. Es besteht akute Vergiftungsgefahr, denn die Katze schleckt die Substanz aus dem Fell.

So beugen Sie Flohbefall vor

Binden Sie Ihrer Katze ein Flohhalsband mit einer Bruchstelle um, damit Sie nicht damit hängen bleibt und sich stranguliert. Geben Sie einige Tropfen eines Flohmittels, das Sie beim Tierarzt bekommen, zwischen die Schulterblätter, denn dort kann die Katze es nicht wieder abschlecken. Sie ist dann etwa drei Wochen lang geschützt.

Desinfektionsmittel

Falls Sie Katzenzubehör wie Kämme und Bürsten oder das Katzenbett desinfizieren möchten (bei Flohbefall), hat sich eine Lösung aus Natriumhypochlorid (Haushaltsbleichmittel) und Wasser bewährt.

Vorsicht: Achten Sie bei der Verwendung von Natriumhypochlorid darauf, dass es nicht ins Katzenfell gelangt, denn es würde die Haut und – beim Ablecken – auch die Zunge verätzen.

Zahnpflege

Zahnbeläge (Plaque) bedrohen das Gebiss der Katze, denn sie mineralisieren, bis sich fester Zahnstein gebildet hat. Dieser ist gelb, braun, ockerfarben oder grau und haftet in den meisten Fällen zuerst an der Außenfläche der Fang- und der Backenzähne. Der Druck durch den Zahnstein und die Bakterien an den Zahnbelägen führen zu Entzündungen des Zahnfleisches, was zuerst an einer leichten Rötung zu erkennen ist. Starker Mundgeruch, vermehrtes Speicheln und die Verweigerung fester Nahrung folgen alsbald. Schreitet die Zahnfleischentzündung voran, ist schließlich der gesamte Zahnhalteapparat betroffen, die Zähne lockern sich und fallen aus. Das Auftreten von Zahnstein hat auch genetische Ursachen.

30

Zahnpflege ist auch für Katzen wichtig, denn kranke Zähne und Zahnbelag belasten sie.

Rezepte zur Zahnpflege

Vorbeugend ist die regelmäßige Behandlung mit einprozentigem Wasserstoffperoxid aus der Apotheke sehr zu empfehlen, denn es entzieht den Bakterien im Zahnbelag den lebensnotwendigen Sauerstoff. Ein sauberes Leinenläppchen oder Baumwolltuch wird mit der Lösung getränkt und die Zähne kräftig abgerieben. Durch diese prophylaktische Maßnahme kommt es erst gar nicht zur Zahnsteinbildung.

Zahnpasta für Katzen

Verdünnen Sie hierfür Zitronensaft im Verhältnis 1 : 1 mit Wasser, tränken Sie ein sauberes Baumwolltuch oder ein Leinenläppchen damit, und reiben Sie mit dem Tuch das Gebiss der Katze ab. Sie können sich für diesen Zweck im Tierfachhandel aber auch eine Spezialzahnbürste oder einen so genannten Bürstenfingerling besorgen.

31

Mit einem rauen Leinentuch, Schlemmkreide oder Bimsmehl reiben Sie die Zahnbeläge der Katze am schnellsten ab.

Extratipp: Kaufen Sie Ihrer Katze doch einmal einen großen Knochen mit Fleisch. Er sollte so groß sein, dass sie ihn nicht verschlucken kann, und er darf auch nicht splittern, die Katze sollte aber eine Menge abzuknabbern haben. Für die Zahnpflege können Sie kaum etwas Besseres tun.

Die Sache mit dem Gras

Alle Katzen fressen ab und zu gern Gras. Das hat mehrere Gründe: Zum einen decken die Tiere damit ihren Bedarf an Folsäure, zum anderen fördert das Gras die Verdauung, und außerdem hilft es auch den Katzen, sich von lästigen Haarbällen zu befreien, die sich aufgrund der regelmäßigen Fellpflege im Magen ansammeln.
Gut geeignet ist für diesen Zweck das so genannte Katzengras, das Sie in jeder Zoohandlung bekommen, sowie Zyperngras und Minibambus – natürlich ungedüngt und ungespritzt.

32

Säen Sie unbehandelte Weizen- oder Haferkörner oder Kresse, Petersilie, Schnittlauch oder Wiesenmischungen als »Katzengras« im Blumentopf.

Schützen Sie Ihre Katze vor diesen Pflanzen!

• Alpenveilchen	• Feuerdorn	(Nachtschattengewächse)
• Arnika	• Geranie	• Oleander
• Blaustern	• Ginster	• Orchideen
• Bittersüßer Nachtschatten	• Hyazinthe	• Primel
	• Kakteen	• Rhododendron
• Christrose	• Kastanie	• Rittersporn
• Chrysantheme	• Kreuzdorn	• Schneeglöckchen
• Edelweiß	• Krokus	• Seidelbast
• Efeu	• Leberblümchen	• Thuja
• Eisenhut	• Liliengewächse	• Wacholder
• Enzian	• Maiglöckchen	• Zwiebelgewächse
• Farne	• Kartoffeln,Tomate	• Zypresse

Mit Katzen Feste feiern

Des einen Freud, des anderen Leid: Es gibt Feste, die Tierhaltern besondere Umsicht abverlangen. Wenn wir uns auf Weihnachten oder Silvester freuen, sind unsere Katzen davon nicht unbedingt genauso begeistert wie wir selbst. Aber es gibt einige Tipps und Tricks, um für alle ein schönes Fest zu gestalten.

33

Verzichten Sie auf Glaskugeln am Weihnachtsbaum. Wenn Sie zerbrechen, besteht große Verletzungsgefahr für die Katze.

Weihnachten

Knisterndes Geschenkpapier und tausend interessante Düfte – das Fest der Liebe bringt schon allerhand geheimnisvolle Spannung in den Haushalt – auch für Katzen. So können Sie mit Ihrem vierbeinigen Freund das Weihnachtsfest unbeschwert genießen:

▶ Schmücken Sie den Tannenbaum mit ungefährlichen Holz- oder Salzteigfiguren, Strohsternen und Früchten.

▶ Wenn es echte Kerzen sein müssen, lassen Sie diese nur in den oberen Bereichen des Baumes brennen – und sichern Sie den Weihnachtsbaum insgesamt gut gegen das Umfallen.

▶ Haben Sie eine kleine Katze, so rechnen Sie damit, dass diese den Baum zu erklimmen versucht. Lassen Sie Baum und Katze nicht allein in einem Zimmer!

▶ Dichten Sie den Baumständer gut ab, wenn er Wasser enthält, denn das abgestandene, harzreiche Wasser ist für den Katzenmagen nicht bekömmlich.

▶ Verwenden Sie keine Dekorationssprays oder Lametta, beides ist für unsere Stubentiger giftig!

▶ Verpacken Sie die Weihnachtsgeschenke in ungebleichtem Geschenkpapier, dann kann Ihre Katze anschließend damit spielen.

▶ Verwahren Sie Schnüre und Bänder außer Reichweite Ihrer Katze, denn sie kann sich damit nicht nur strangulieren, sondern sich auch eine Darmverschlingung einhandeln.

▶ Gänsebraten, Weihnachtsgebäck und alle Arten von Süßigkeiten haben im Katzenmagen nichts zu suchen. Dem Tier an den Festtagen das Lieblingsessen in den Napf zu füllen, ist dagegen eine gute Idee.

34

Und nicht zuletzt: Geben Sie Ihrer Katze viel Zuwendung – Ihre Zeit ist das größte Geschenk, das Sie ihr machen können.

35

Eingesperrt: Wenn Sie die geöffnete Schrank- oder Kommodentür abschließen und den Schlüssel abziehen, kann die Katze nicht aus Versehen eingesperrt werden. Sichern Sie die Tür gegen versehentliches Zuschlagen durch ein Tuch, das Sie um das Scharnier wickeln.

Silvester

Zum Jahreswechsel haben Sie es dann mit ganz anderen Problemen zu tun: Unzählige Silvesterkracher explodieren lautstark und hinterlassen stinkende Rauchschwaden. Verhindern können Sie das nicht, aber Ihre Katze optimal davor schützen können Sie schon.

▶ An den Tagen um Silvester sollten auch freilaufende Katzen Stubenarrest bekommen, denn allzu schnell geraten sie in Panik, wenn es direkt um sie herum knallt und blitzt. Öffnen Sie ein Schrankfach oder eine Kommodenseite als Rückzugsmöglichkeit, und machen Sie es Ihrer Katze darin gemütlich. Sie werden sich wundern, wie gern dieses stille dunkle Örtchen angenommen wird.

▶ Öffnen Sie Fenster und Haustür nur kurzfristig. Wenn Ihre Fenster Fensterläden oder Rollos haben, schließen Sie diese am Abend.

▶ Machen Sie ausgiebig Gebrauch von Ihrer Stimme: Es beruhigt Ihre Katze, wenn Sie ohne Hektik und Angst zu ihr sprechen.

▶ Lassen Sie Ihr Tier in diesen aufregenden Stunden möglichst in Ruhe, denn so wird es am ehesten einen Platz finden, an dem es sich einigermaßen sicher fühlt.

Spiele gegen Langeweile

36

Beginnen Sie mit langsamem Aufwärmen, und lassen Sie das Spiel nach und nach mit Abkühlübungen ausklingen.

Das Spiel ist ein wichtiger Faktor in der Entwicklung einer Katze. Als junge Katze im Spiel mit Mutter und Geschwistern lernt sie alles, was sie später zum Überleben braucht – etwa Revierverteidigung und Jagdverhalten. Das Spiel einer erwachsenen Katze hat andere Funktionen: Es stärkt Muskeln und Kreislauf, und es hilft, Stress abzubauen. Das sind Funktionen, die bei Wohnungskatzen und hyperaktiven Tieren von besonderer Bedeutung sind. Zudem wird durch das gemeinsame Spiel die Beziehung von Mensch und Katze gefestigt.

Führen Sie eine tägliche Spielphase ein, die möglichst immer in die gleiche Zeit fällt – diese sollte allerdings nicht direkt vor und nach den Mahlzeiten liegen. Zehn bis zwanzig Minuten sind durchaus genug – Sie werden feststellen, dass Ihre Katze schnell ermüdet.

Junge Kätzchen lieben es, sich zu verstecken und in alles ihre Nase zu stecken.

Katzenspielzeug

Katzen spielen gern mit Gegenständen. Wenn sie schön rollen, dann sind solche Spielzeuge ganz besonders beliebt. Sind diese Spielutensilien zudem auch noch unregelmäßig geformt und ist ihre Bewegung dadurch für die Katze unberechenbar, erreichen sie besondere Aufmerksamkeit. Überhaupt müssen Spielzeuge für die Katze nicht teuer sein. Spass machen einer Katze viele Dinge, etwa wenn sie verlockend knistern, verführerisch glänzen oder in alle Richtungen rollen, so dass das Tier hinterherjagen kann. Dazu eignet sich etwa eine Papiertüte oder ein Ball. Eine »Angel« aus Stock und Bindfaden mit einem darangeknoteten Gegenstand ist ebenfalls sehr beliebt. Oder Sie basteln eine Stoffmaus: Nähen Sie einen kleinen Schlauch aus einem Stoffrest, stopfen Sie ihn mit Schaumstoff, Holzwolle oder Heu aus, und verschließen Sie ihn mit einer festen Naht. Als Schwanz eignet sich ein kurzes Stück Schnur. Auf Augen oder Nase müssen Sie verzichten, denn die beißt Ihre Katze schnell ab und verschluckt sie. Generell sollten Sie bei der Auswahl oder Eigenherstellung von Spielzeug die gleiche Sorgfalt walten lassen wie bei Babyspielzeug.

37

Das Spielen mit Plastiktüten ist natürlich streng verboten, denn es droht der Erstickungstod, wenn die Katze sich darin verheddert und nicht mehr herausfindet.

Aus einem Napf frisst nicht jede junge Katze.

Gesunde Ernährung

Katzen brauchen – wie wir Menschen auch – Proteine, Kohlenhydrate, Fette, Vitamine, Mineralstoffe und Spurenelemente, um gesund zu bleiben. Eine ausgewogene Ernährung bietet alle diese Grundsubstanzen in ausreichender Menge. Zu viel oder zu wenig vom einen oder anderen kann Probleme verursachen wie Fettleibigkeit, Unterernährung oder Fehlernährung, die sich in Fehlfunktionen einzelner Organe äußert. Allgemeines Unwohlsein oder konkrete Erkrankungen gehen nicht selten auf Ernährungsfehler zurück.

Ausgewogenheit

Sehr viele Katzenhalter greifen aus Bequemlichkeit und weil Ihre Katze das gerne frisst, zu Fertigfutter und bevorzugt zum Trockenfutter. Vergessen Sie bitte nicht, dass eine Katze dann extrem viel trinken muss, und bieten Sie entsprechend Wasser an. Diese Art der Fütterung hat aber noch andere Nachteile: Durch intensive Trockenfutteraufnahme können sich vermehrt Harngriese oder im Laufe der Zeit gar Harnsteine bilden, die nicht selten zur so genannten Harnverhaltung führen – also der äußerst schmerzhaften Unfähigkeit, Urin abzulassen. Eine Operation ist dann unumgänglich, führt allerdings nicht immer zu dauerhaftem Erfolg. Besser ist da schon Dosenfutter, noch besser allerdings ist selbst zusammengestelltes Futter.

38

Wenn Sie es schaffen, Ihrer Katze immer zur gleichen Zeit Futter zu geben, stellen Sie ihren Rhythmus darauf ein. Das hilft der Katze, ihren Tag einzuteilen, und gibt ihr Sicherheit.

Zeitpunkt der Fütterung

Bezüglich Fütterungszeit hat sich eine Dreiteilung bewährt: Regelmäßig am Morgen, am Abend und noch einmal, kurz bevor Sie schlafen gehen, sollten Sie Ihre Katze füttern. Auf diese Weise ist auch Ihre Nachtruhe gewährleistet, und die Katze – ein nachtaktives Tier – weckt Sie zumindest nicht deshalb, weil sie Hunger verspürt.

Kalorienverbrauch

Durchschnittlich große Tiere benötigen täglich etwa 350 Kilokalorien, das entspricht einer Futtermenge von 400 Gramm Dosenfutter oder 200 Gramm frischem, durchwachsenem Fleisch. Wenn Sie Weißfleisch, etwa Hühnerfleisch, verfüttern, so müssen Sie davon etwas mehr geben, denn der Kaloriengehalt ist niedriger als bei anderen Fleischsorten wie Lamm und Rind.
Der Appetit kann bei Katzen stark schwanken. Katzen, die sich nicht wohl fühlen, möchten auch nicht fressen. Bei sehr warmer Witterung lässt der Appetit ebenfalls deutlich nach. Füttern Sie einfach etwas später in den Abendstunden, wenn es kühler geworden ist.

39

Das Futter sollten Sie nie direkt aus dem Kühlschrank servieren: Sorgen Sie dafür, dass es der Katze immer zimmerwarm zur Verfügung steht.

Natürliche Ernährung

Machen Sie sich stets bewusst, dass wild lebende Katzen Raubtiere sind. Sie verspeisen ganze Beutetiere, also nicht ausschließlich deren Muskelfleisch, sondern auch Haut und Haar, Federn und innere Organe, darunter den Darm, der bei Pflanzenfressern – wie beispielsweise Mäusen oder Kaninchen – vorverdaute pflanzliche Substanzen enthält. Aufgenommene Knorpel, Sehnen und Knochenteile dienen als weitere Ballaststoffe. Auf diese Weise bekommen die »Selbstversorger« unter den Katzen auf natürliche Art ausgewogene Nahrung.

Fertignahrung

Fertignahrung für Katzen wird überlegt zusammengestellt. Dosenfutterhersteller bemühen sich, den Ansprüchen an eine gesunde Ernährung gerecht zu werden. Dazu gehört die Beimengung verschiedener Inhaltsstoffe in unterschiedlichen Konzentrationen, um gesunden sowie kranken, jungen sowie alten Katzen eine ausgewogene Futterkombination anzubieten, die den jeweiligen Anforderungen im besonderen Maße gerecht wird. Diesen Nährstoffbedarf durch eigene Kompositionen zu decken, ist nicht ganz einfach und auf jeden Fall eine zeitraubende Beschäftigung.

Katzenfutter selbst bereiten

Sind Sie entschlossen, die Nahrung für Ihre Katze selbst zuzubereiten, so versuchen Sie, eine katzengerechte Ausgewogenheit zu erzielen. Verschiedene Bestandteile sollten Sie in Relation zum Alter des Tieres in unterschiedlichen Anteilen verabreichen.

40

Petersilienstiele fallen in unseren Küchen nicht selten als Abfallprodukt an. Fein gehackt unter das Futter gemischt, sind sie eine gute Vitamingabe.

Das sollten Sie bei der Futterzubereitung beachten:

- Katzen brauchen Proteine, wie sie in Fleisch und Fisch enthalten sind, sowie Fette als Energiespender und zum Aufbau des Fells.
- Mit Kohlenhydraten als Energielieferanten reichern Sie die Katzenmahlzeit an, wenn Sie Mais und Reis unter das Futter mischen.
- Maisfasern und andere pflanzliche Anteile können den Ballaststoffanteil abdecken. Ballaststoffe fördern die Verdauung und beugen Verstopfungssymptomen vor.
- Mineralstoffe und Spurenelemente braucht eine Katze für den Aufbau von Zähnen und Knochen und für die Stärkung der Nerven.

Nicht zu vergessen sind Vitamine zur Abwehrstärkung.

Wichtig: Futter sollten Sie immer dann selbst zubereiten, wenn Ihre Katze eine durch Futter ausgelöste Allergie oder Hautkrankheit hat oder wenn es durch Dosenfutter zu Schleimablagerungen in den Darmtaschen gekommen sein sollte, was den Wurmbefall sehr begünstigt. Aber bitte bedenken Sie: Was den Esstisch der Menschen verlässt, gehört nie in den Katzenmagen. Katzen sind keine Müllschlucker!

41

Nach spätestens fünf Wochen taurinfreier oder taurinarmer Ernährung sind bleibende Schäden an der Netzhaut festzustellen. Sie können Ihre Katze durch Fleischzufütterungen mit Leber, Fisch und Schalentieren vor dieser Mangelerscheinung bewahren.

Taurinmangel

Taurin ist ein Eiweißbestandteil, den die Katze – im Gegensatz zu anderen Säugetieren – nicht selbst herstellen kann. Besonders für die Lichtrezeptoren in der Netzhaut (Stäbchen und Zapfen) ist diese Aminosäure von besonderer Bedeutung. Erhalten Katzen ausschließlich vegetarische Nahrung oder werden sie mit Hundefutter ernährt, ist akuter Taurinmangel zu befürchten.

Die richtige, ausgewogene Ernährung hält Katzen stets unternehmungslustig, lebhaft und gesund.

Fleisch, Fisch und Gemüse

▶ Pansen (einer der vier Rindermägen) ist eine gute Basis, um der Katze pflanzliche Anteile in der Ernährung zukommen zu lassen.

▶ Fleisch sollte der Katze generell roh gegeben werden, da sonst wichtige Vitamine, Spurenelemente und Mineralien zerstört werden.

▶ Fisch wird der Katze grundsätzlich gekocht angeboten, da ein Enzym im rohen Fisch das Vitamin B im Körper der Katze zerstört.

▶ Fisch wird mit der Haut, aber ohne Gräten verfüttert.

▶ Auch Vollkornnudeln enthalten neben Kohlenhydraten eine ganze Reihe wesentlicher Inhaltsstoffe, die der Katzenkörper verwertet. Gekocht und unter das Futter gemischt, stellen sie eine gute Nahrungsergänzung dar.

▶ Wollen Sie Ihrer jungen Katze zusätzlich Kalzium zum Aufbau der Knochen bereitstellen, so geben Sie täglich 0,4 Gramm reinen Kalk auf das Futter.

▶ Gemüseflocken nehmen Katzen sehr gern, wenn Sie sie über das frische Fleisch streuen. Dabei saugen die Flocken nämlich das restliche Blut auf und werden dadurch attraktiv für die Katze.

42

Wurde die Katze bisher mit Dosenfutter ernährt, ist zunächst eine Umstellungsphase erforderlich, in der Sie den Dosenanteil nach und nach verringern sollten und den Anteil, den Sie selbst zubereiten, langsam erhöhen.

43

Den Kochsud von Fisch sollten Sie aufbewahren und mit Getreide- und Gemüseflocken zu einer Extrakatzenmahlzeit vermengen.

44

Schweineleber und Schweinenieren gehören nicht in die Katzenschüssel! Die Gefahr einer Infektion mit dem Aujeszky-Virus ist groß. In Deutschland besteht zur Zeit noch ein generelles Importverbot für Innereien, um der Verbreitung von Tierseuchen Einhalt zu gebieten.

▶ Sie erleichtern die Nahrungsaufnahme ganz allgemein, wenn Sie das Futter mit ein bis zwei Tropfen Obstessig oder mit etwas Ascorbinsäure (Vitamin C) ansäuern.

▶ Avocados enthalten neben einer ganzen Reihe wertvoller Inhaltstoffe und Proteinen eine große Menge essenzieller Fettsäuren. Besonders bei fleischarmen Diäten liefern Avocados wertvolle Ersatzstoffe.

Vitamine und Mineralien

▶ Manche Katzen mögen Nieren und Leber überhaupt nicht, andere sind ganz wild darauf. Die Gabe von 100 bis 200 Gramm pro Woche ist unproblematisch. Vergessen Sie aber nie, dass es sich bei Leber und Niere um Entgiftungsorgane handelt, die mit einer ganzen Reihe von Giftstoffen belastet sein können.

▶ Schweinefleisch ist für Katzen ungeeignet. Viele Katzenhalter achten sogar darauf, dass sie bei ihrem Schlachter nicht etwa Rinderhack aus einem Fleischwolf bekommen, in dem vorher Schweinefleisch zerkleinert wurde.

▶ Vergewissern Sie sich stets, wo das Fleisch herkommt, das Sie für sich selbst oder Ihr Tier kaufen.

▶ Mischen Sie ab und zu unter das Futter eine fein geriebene Möhre. Sie verringern durch diese Zugabe die Gefahr eines Wurmbefalls bei Ihrem vierbeinigen Freund.

▶ Rühren Sie einmal pro Woche ein rohes Ei oder Hefeflocken unter das Futter: Das Fell Ihres Vierbeiners glänzt danach doppelt so schön.

Für ein starkes Immunsystem

Vitamin A	Käse, Milch, Möhren
Vitamin C	Petersilie
Vitamin E	Fisch, Milchprodukte
Vitamin B6	Fisch, Leber, Keimlinge
Zink	Fleisch, Keimlinge
Selen	Fleisch, Fisch, Avocado
Eisen	rotes Fleisch, Leber

Extratipp: Verzichten Sie im Interesse Ihrer Katze auf die Verfütterung von Herz, denn es hat fast keinen Nährwert, dafür zu viel Magnesium, was besonders Katzen mit urologischen Beschwerden zu schaffen macht. Zudem sind folgende Innereien als Futterbeigabe nicht empfehlenswert:

- Milz – sie kann Durchfall hervorrufen.
- Lunge – sie hat praktisch keinen Nährwert.
- Bries (Gehirn) – es enthält zwar Proteine, hat aber kaum Vitamine und einen zu hohen Kalium- und Phosphorgehalt.

▶ Schlund und Maulfleisch sind als Fleischgrundlage für eine Katzenmahlzeit sehr zu empfehlen, besonders wenn die Katze gern knabbert. Sie haben damit einen brauchbaren Ersatz für Trockenfutter und decken den Kalziumbedarf durch die Knorpelanteile.

▶ Gemahlene, kaltwasserlösliche Gelatine ist geschmacksneutral und kann problemlos über das Futter gestreut werden. Gelatine hat nicht nur einen positiven Einfluss bei Haarausfall, sondern dient auch der Erhaltung der Gelenke, speziell des Knorpels und Bindegewebes. Das liegt daran, dass die Eiweißbausteine des Gelenkknorpels mit denen der Gelatine identisch sind.

45

Gelatine erhalten Sie in gemahlener Form am besten im Drogeriemarkt oder in der Apotheke. Geben Sie Ihrer Katze regelmäßig einen halben Teelöffel ins Futter.

Frische, nahrhafte Zutaten wie fein geriebene Möhren sind für eine ausgewogene, gesunde Ernährung sehr wichtig.

Probleme mit Katzen und ihre Lösung

Manchmal kann eine Katze auch ziemlich lästig sein.

Katzen gelten als sehr eigenwillige Tiere, die so selbstständig sind, dass sie sich nicht gut beeinflussen lassen. Katzen und Erziehung, das passt nicht zusammen, glaubt man zu wissen. Dabei können Sie mit einfachen Mitteln eine Menge tun, um unerwünschtes Verhalten abzustellen oder zumindest einzugrenzen. Wichtig ist vor allem, dass Sie lernen, was eine Katze braucht und was ihr mehr schadet als nützt.

Positives Verhalten erzielen

Nicht immer wird Ihnen alles gefallen, was Ihr kleiner Liebling macht. Katzen haben nun mal ein natürliches Verhalten, das nicht unbedingt in den Wohnräumen gern gesehen wird. Vor allem wird es unangenehm, wenn die Katze Übergriffe auf Ihre Umgebung startet, also Möbel zerkratzt, Kleidung zerfetzt oder ihre »Duftmarken« in der Wohnung hinterlässt. Und manchmal verhält sich ein Tier ohne ersichtlichen Grund aggressiv und greift seine menschlichen Mitbewohner an. Ich möchte Ihnen einige einfache Tricks vorstellen, die Ihre Katze positiv beeinflussen und unerwünschtes Verhalten abstellen, ohne Ihrer Katze zu schaden.

46

Stellen Sie den Kratzbaum dort auf, wo Sie sich aufhalten. In einer dunklen, abgelegenen Ecke akzeptiert ihn die Katze vielleicht nicht.

Ihre Katze kratzt an Möbeln und Wänden

Sprühen Sie die betroffenen Stellen mit Zitronellenöl ein. Die Katze mag es nicht und wird sich andere Plätze zum Kratzen suchen. Ein katzengerechter Kratzbaum wird von den meisten Katzen gern zum Krallenwetzen angenommen und schützt Ihre Wohnungseinrichtung vor unerwünschten »Verzierungen«. Wie Sie einen Kratzbaum selbst herstellen, lesen Sie auf Seite 16f.

Ihre Katze frisst Textilien

Wenn sich Ihre Katze auf alle Stoffe stürzt, die sie zwischen die Zähne bekommt, dann versucht sie mit diesem Verhalten einen Mangel an Ballaststoffen auszugleichen.

So beugen Sie den Mangelerscheinungen vor:

▶ Mischen Sie Ihrer Katze als erste Maßnahme Weizenkleie ins Futter. Beginnen Sie zunächst mit einem Teelöffel, dann steigern Sie die Menge auf einen Esslöffel. Dieses einfache Mittel hilft meist sehr schnell und zuverlässig.

▶ Gleichzeitig bemühen Sie sich um eine allgemeine Nahrungsumstellung nach den Richtlinien, die ich Ihnen im Kapitel »Gesunde Ernährung« vorgestellt habe. Dazu gehört vor allem eine ausgewogene Ernährung, die keine Mangelerscheinungen aufkommen lässt.

▶ Bieten Sie Ihrer Katze Gras an, das ihr ebenfalls wichtige Ballaststoffe bietet (siehe auch S. 26).

▶ Gut geeignet ist auch ein Topf mit Grünlilie, die Katzen besonders mögen. Achten Sie aber darauf, dass die Katze nicht an giftige Pflanzen gerät (siehe S. 26).

Ihre Katze ist unsauber

Wenn Ihre Katze die Körperpflege vernachlässigt, sollten Sie nach Ursachen dafür forschen. Es können beispielsweise körperliche Gründe vorliegen, etwa Krankheitssymptome, unter denen Ihre Katze leidet. Auch aus Gründen hohen Alters kann eine Katze unsauber sein. Dieses Verhalten kann aber auch auf einen Mangel an Zuwendung schließen lassen und eine Art Trotzreaktion darstellen.

▶ Ein wichtiger Grund für Unsauberkeit liegt oft in einer Erkrankung im Nieren-, Blasen- oder Darmbereich.

▶ Floh- und Wurmbefall kann an der Unsauberkeit Schuld sein.

▶ Probleme mit den Zähnen, etwa Zahnstein, können der Katze großes Unbehagen bereiten, was sie dann möglicherweise ihrerseits mit Unsauberkeit beantwortet.

47

Bestrafen Sie Ihre Katze nicht, wenn das »Geschäft« wieder einmal danebenging. Auf gar keinen Fall dürfen Sie ihre Nase in die Exkremente stubsen.

48

Intensive Düfte – vor allem ätherische Öle – halten Katzen wirksam von Stellen in Ihrer Wohnung fern, an denen sie sich nicht aufhalten sollen.

49

Auf irritierende äußere Einflüsse reagiert eine Katze oftmals mit Fehlverhalten.

Gewöhnung an den Lebensraum

Mitunter sind es aber ganz andere Gründe, die hinter dem lästigen Verhalten stecken. Sie hängen weniger mit körperlichen Symptomen, sondern vielmehr mit der Eingewöhnung an den neuen Lebensraum oder mit der Akzeptanz der Katzentoilette zusammen. Ist Ihre Katze vielleicht noch nicht an die Benutzung einer Toilette gewöhnt?

▶ Gute Erfolge werden Sie haben, wenn Sie die Katze in die Toilette setzen, kurz nachdem sie gerade aufgewacht ist oder nach einem intensiven bewegungsfreudigen Spiel. Auch wenige Minuten nach der Aufnahme von Nahrung ist das Hineinsetzen Erfolg versprechend. Loben Sie Ihre Katze überschwänglich, wenn es »geklappt« hat.

▶ Manche Wohnungskatzen setzen – wie ihre Artgenossen in der Natur – Harn und Kot nie an der gleichen Stelle ab. Diese Katzen brauchen in Ihrer Obhut unbedingt zwei Toiletten.

Die Katzentoilette

Auch mit dem Platz an dem die Katzentoilette in der Wohnung aufgestellt wird, kann Ihre Katze Probleme haben. Beachten Sie Folgendes:

▶ Sorgen Sie dafür, dass das Katzenklo an einem ruhigen Platz steht – nicht direkt an Fenstern, Türen oder Elektrogeräten.

▶ Achten Sie darauf, dass die Katzentoilette weit genug entfernt von Futternapf und Wasserschüssel aufgestellt ist.

▶ Auch in der Nähe ihrer Ruheplätze dulden Katzen das Katzenklo nicht gern, also: Keine Katzentoilette in unmittelbarer Nähe des Schlafbereiches der Katze aufstellen!

▶ Das Katzenklo muss jederzeit aufgesucht werden können.

▶ Füllen Sie die Katzentoilette mindestens fünf Zentimeter hoch mit sauberer Streu auf.

▶ Erneuern Sie die Streu täglich – Katzennasen sind empfindlich!

▶ Zum wöchentlichen heißen Auswaschen der Toilette verwenden Sie am besten klares Wasser, eventuell mit etwas Grüner Seife.

▶ Schafft Ihre Katze es nicht, in der Toilette eine Körperhaltung einzunehmen, die verhindert, dass die Geschäfte über den Rand gehen, so sollten Sie zusätzlich eine etwas größere und gut zu reinigende Auffangschale unter das eigentliche Katzenklo stellen.

Junge Tiere gewöhnen sich bald an den regelmäßigen Besuch der Katzentoilette.

Duftstoffe

Es gibt auch bestimmte Duftstoffe, die eine Katze dazu verlocken, eine eigene Duftmarken zu setzen. Wenn Sie diese Stoffe kennen, wird es Ihnen leicht fallen, dieses sehr unangenehme Verhalten der Katze erfolgreich abzustellen. Folgende Düfte reizen Katzen mitunter zum »Darübermarkieren«:

- neue Waschpulver oder Weichspüler
- ein neues Parfüm oder Deodorant
- ammoniakhaltige Reinigungsmittel in Bad oder Küche.

50

Ammoniak ist ein Harnbestandteil und veranlasst die Katze zum Überduften mit eigenem Urin, um ihre Dominanz zu bekunden. Vermeiden Sie Reinigungsmittel mit Ammoniak.

Veränderungen im Haushalt

Ist Ihre Katze plötzlich unsauber, dann prüfen Sie, ob sich sonst etwas im Haushalt verändert hat. Das kann das Katzenzubehör betreffen, die neue Einrichtung oder eine neue familiäre Konstellation. Haben Sie Futter und/oder Streu gewechselt? Probieren Sie es mit den alten Marken. Hat die Katzentoilette ein Dach? Nehmen Sie das Dach ab. Haben Sie die Möbel umgestellt oder neue Möbel aufgestellt? Haben Sie die Wohnung renoviert? Haben Sie eine völlig neue Einrichtung gekauft? Gab es familiäre Veränderungen, wie die Geburt eines Kin-

51

Zitronellanöl und Kernseife riechen für uns Menschen ganz frisch, Katzen finden diese Stoffe jedoch grässlich und gehen ihnen aus dem Weg.

des, ein längerer Besuch, oder eine Trennung oder Krankheit? In diesem Fall ist es allerdings schwierig, etwas dagegen zu tun. Versuchen Sie auf jeden Fall zuerst alle anderen bereits beschriebenen Mittel, bevor Sie damit beginnen, die Wohnung umzustellen.

Reinigung bei einer Kotverschmutzung

Wenn wieder einmal ein Malheur passiert ist, nehmen Sie mit einem Haushaltstuch, Papiertaschentüchern oder Toilettenpapier so viel von der Flüssigkeit auf wie möglich. Danach bearbeiten Sie den Fleck mit einer Seifenlösung, der Sie ein wenig Essig beigemengt haben. Wischen Sie mit klarem Wasser nach.
Hartnäckige Urinflecken bestreuen Sie am besten mit etwas Salz. Reiben Sie das Salz ab, und spülen Sie mit kaltem Wasser nach. Sind Sie mit dem Erfolg nicht zufrieden, empfiehlt sich eine weitere Behandlung mit Ammoniak. Mit Essigwasser und klarem Wasser nachspülen.

Vorbeugung

Wenn Sie eine weitere Verschmutzung in Ihrer Wohnung verhindern möchten, dann gibt es einige ganz unkomplizierte und wirksame Mittel zur Vorbeugung:

- Besprühen Sie die von der Unsauberkeit der Katze betroffenen Stellen mit Zitronellanöl, das hält die Katze fern.
- Streuen Sie frisch geraspelte Kernseife auf die verunreinigten Plätze.
- Ein paar Tropfen Japanisches Heilöl genügen meist, und die Katze macht einen großen Bogen um die behandelte Stelle.
- Hilft das alles wider Erwarten nicht, so decken Sie die Stellen mit Alufolie ab. Nehmen Sie dazu frische Haushalts-Alufolie, die geruchsneutral ist. Die Katze mag das glitzernde, knisternde Material nicht und meidet die Stellen fortan.
- Erfolg können Sie auch mit dieser Methode haben: Wenn Sie feststellen, dass Ihre Katze manche Orte in der Wohnung gezielt verunreinigt, legen Sie genauso gezielt »Leckerlis« an diese Plätze. Das können Trockenfutterhäppchen oder Plätzchen sein, die Ihre Katze besonders gern mag. Die Nähe von Futter und Exkrementen können Katzen gar nicht gut leiden – und beenden ihre Unsauberkeit.

52

Zur Vorbeugung gegen Unsauberkeit hilft auch das Auslegen von Alufolie: Benutzte Alufolie oder solche aus Schokoladen- oder Zigarettenpackungen ist zur Abschreckung jedoch ungeeignet, da sie einen Restgeruch verströmt.

Zu zweit ist das Leben gleich viel freundlicher.

Nahrungsumstellung leicht gemacht

Die Umstellung auf ein neues Futter klappt nicht immer problemlos. Ist Ihre Katze wählerisch, und frisst sie das angebotene neue Futter nicht, dann prüfen Sie, ob das alte Futter wirklich abgeschafft werden soll. Wenn Sie unbedingt die Futtermarke wechseln wollen, hilft meist ein einfaches Mittel, damit Ihre Katze das neue Futter akzeptiert:

▶ Beträufeln Sie die Mahlzeit mit etwas Öl aus einer Thunfischdose – oft gewöhnen sich Katzen dann an die neue Futtermarke schneller.

Ihre Katze ist oft allein

Katzen, die allein gehalten werden, legen oft ein sehr merkwürdiges Verhalten an den Tag. Dagegen hilft ein ganz einfaches Mittel: Schaffen Sie ein zweites Kätzchen an. Viele Macken lassen sich jedenfalls in den meisten Fällen durch einen Gefährten oder eine Gefährtin wirkungsvoll abstellen. Die vielfältigen Kontakte, die Katzen untereinander haben (und dazu gehört auch Raufen!), können wir Menschen ihnen bei allem guten Willen nicht ersetzen.

53

Sorgen Sie für viel Abwechslung, wenn Ihre Katze oft allein ist. Am besten hilft jedoch ein zweites Kätzchen.

Ablenkende Spiele

Falls Sie sich nicht zu einem Spielgefährten für Ihr Tier entschließen können, sollten Sie Ihrer Katze zumindest ein wenig mehr Ablenkung als bisher bieten. Und das geht ganz leicht und erfordert weder Kosten noch großen Aufwand.

▶ Stopfen Sie eine alte Baumwollsocke mit Katzenminze, die Sie in jeder Zoohandlung und im Sommer auch frisch auf dem Markt kaufen können. Verknoten Sie die Socke sorgfältig, und kneten Sie das Gewebe ein wenig in Form. So durchdringt der Duft der Katzenminze den Stoff sehr schnell. Bei Langeweile ist dies ein beliebtes Spielzeug.

▶ Nehmen Sie sich viel Zeit für Ihre Katze. Spielen und schmusen Sie jeden Tag ausgiebig mit ihr.

54

Aktivprogramme gegen Langeweile sind auch gesund. Sie verlangen, der Katze Bewegung als Vorbeugung gegen Rheuma und Arthrose ab.

Ein neuer Hausgenosse für die Katze

Sie haben sich zu einem Spielkameraden für Ihre Katze entschlossen. Auf Dauer ist das sicher eine gute Entscheidung, um Ihre Katze vor Langeweile zu bewahren. Kommt eine zweite Katze ins Haus, ist das trotzdem nicht immer unproblematisch, denn die erste Katze muss sich mit einem Nebenbuhler um Ihre Zuneigung auseinander setzen und sich an Konkurrenz gewöhnen. Das erste Zusammentreffen der Katzen ist ein spannender Augenblick für alle Beteiligten. Sorgen Sie zunächst für die richtigen Voraussetzungen:

▶ Holen Sie sich als zweite Katze möglichst ein junges Tier ins Haus, das erspart Ihnen manches Problem, denn ein kleines Kätzchen genießt noch den Welpenschutz.

▶ Rubbeln Sie die »alte« Katze mit einem Handtuch ab, und verwenden Sie dasselbe Handtuch, wenn Sie die »neue« Katze abwischen. So vermengen sich die Gerüche.

▶ Reiben Sie die Katzen mit einem Duftstoff ein, den beide lieben – probieren Sie es beispielsweise mal mit der Katzenminze.

▶ Jedes Tier braucht einen eigenen Napf.

▶ Jedes Tier braucht eine eigene Toilette.

Setzen Sie rechtzeitig Schranken, um einer solchen Bescherung vorzubeugen.

Erziehungsmaßnahmen

Was immer Sie in der nächsten Zeit der Eingewöhnung an Ihrer Katze beziehungsweise ihrem Verhalten stört, sollten Sie nicht resigniert hinnehmen, sondern dem Tier mit konsequenter Erziehungsarbeit abdressieren. Bei jungen Katzen werden Sie natürlich mehr Erfolg haben als bei älteren Tieren, die schon feste Gewohnheiten haben. Als Erziehungsmittel haben sich folgende Maßnahmen bewährt:

- lautes Händeklatschen
- eine gezielte kurze Dusche aus einem Wasserzerstäuber oder ein »Schuss« aus der Wasserpistole. Mit einer Wasserpistole sollten Sie sich ein wenig vertraut machen, damit Sie auch die Katze treffen und nicht alles andere drumherum durchnässen.
- Sind Sie treffsicher genug und im Werfen geübt, können Sie auch kleine Alupapierkugeln rollen und diese von einer Handfläche aus zur Katze schnipsen, wenn sie wieder einmal an einem Gegenstand kratzt und nagt, der Ihnen lieb und wert ist. Was meinen Sie, wie erstaunt Ihre Katze ist, wenn Sie plötzlich über einige solche »Fernstrafgeräte« verfügen! Vor Schreck wird sie von ihrem »Opfer« ablassen.

55

Das Ziel der Erziehungsmaßnahmen: Die Katze soll erschrecken und das unerwünschte Verhalten unmittelbar mit der »Strafe« verbinden.

▶ Sehr wirkungsvoll ist auch eine mit Nägeln gefüllte Blechdose, beispielsweise eignen sich Erdnussdosen dafür, weil diese meist mit einem Plastikdeckel wieder verschlossen werden können. Solche präparierten Dosen machen einen Höllenlärm, wenn sie auf den Fußboden geworfen werden – und genau das ist ja auch das Ziel.

▶ Natürlich dürfen Sie Ihre Katze in besonderen Fällen auch einmal am Genick packen und kräftig schütteln. Besonders dann, wenn sie Ihnen übermütig Verletzungen zugefügt hat. Katzen, die ihre menschlichen Hausgenossen regelrecht angreifen, können damit zur Räson gebracht werden. Oft genügt auch ein kräftiges Anpusten. Katzen empfinden das als Fauchen und reagieren entsprechend zurückhaltend.

56

Wenn sich Ihre Katze zu aggressiv verhält, hilft es oft schon, ihr selbst einen leichten Schreck zu versetzen.

Was tun gegen aggressives Verhalten?

Wenn die Katze urplötzlich beginnt, Sie oder Ihre Gäste zu attackieren, so ist oft Eifersucht eine Ursache. Aber auch vermehrter Bewegungsdrang kann zu aggressivem Verhalten führen. Oft ist hier schlichtweg auch der ganz normale Versuch einer Katze im Spiel, ihr Territorium vor Eindringlingen zu schützen und zu verteidigen.

Das können Sie gegen Aggressivität tun:

▶ In vielen Fällen ist zu energiereiches Futter der Grund für überschäumende Aggressivität der Katze. Reduzieren Sie die Futtermenge, beziehungsweise reduzieren Sie den Nährwert der Mahlzeit, um eine Verhaltensregulierung zu erreichen.

▶ Nehmen Sie sich mehr Zeit für Ihr Tier. Spielen und toben Sie solange mit ihm, bis es für Eifersuchtsszenen viel zu müde ist.

▶ Streicheln Sie Ihre Katze und sprechen Sie mit ihr, wenn Sie Gäste haben, und schließen Sie ihn nicht aus.

▶ Kommt ein Energieschub, werfen Sie der Katze ein Spielzeug zu und lenken sie damit ab.

▶ Zeigt die Katze ein übersteigertes Revierschutzverhalten, so sperren Sie das Tier für eine kurze Zeit in einem Zimmer ein, wenn Sie Besuch von Personen haben, die nur ab und zu kurz ins Haus kommen.

▶ An Besucher, die Sie häufiger empfangen, sollte die Katze gewöhnt werden. Ideal ist ein Treffen auf »neutralem« Boden.

57

Kämpfe unter Katzen sind nichts Unnatürliches, sondern dienen der Festlegung von Rangpositionen. Lassen Sie Kämpfe daher zu.

▶ Die Annäherung von Mensch und Tier sollte langsam erfolgen; so hat die Katze die Chance, Geruch, Stimme und Bewegungen des Gastes in Ruhe kennen zu lernen und sich daran zu gewöhnen.
▶ Falls Sie sich mit homöopathischen Mitteln vertraut gemacht haben (vgl. S. 72 ff.), können Sie ergänzend beispielsweise Aconitum napellus, Ignatia amara oder Nux vomica einsetzen. Alle drei Medikamente wirken verhaltensregulierend.
▶ Und wenn Ihre Erziehungsmaßnahmen wieder einmal besonders gut geklappt haben, wenn Sie mit Ihrem Stubentiger ganz besonders zufrieden sind, dann zeigen Sie das doch durch einen feinen Leckerbissen, den es nicht alle Tage gibt.

58

Leckerbissen, die nur für Erziehungszwecke benutzt werden und die Sie sonst nie geben, sollten Sie als Geheimrezept gegen aggressives Verhalten griffbereit haben.

Allergien

Allergien entstehen dadurch, dass eigentlich harmlose Stoffe, wie beispielsweise Blütenpollen oder Nahrungsbestandteile, Tierhaare oder Putzmittel vom körpereigenen Abwehrsystem fälschlicherweise als gefährliche Antigene eingestuft werden. Folglich beginnt das Immunsystem damit, diese Stoffe wie Krankheitserreger zu bekämpfen. Dazu werden verschiedene Blutbestandteile und Blutzellen aktiv. Körpereigene Substanzen wie Histamin, Serotonin und andere Stoffe werden freigesetzt und führen zu den typischen Anzeichen einer Allergie. Folgende, meist ziemlich lästige Symptome treten auf:
▶ Die Blutgefäße erweitern sich. Es kommt zu Rötungen der Haut.
▶ Flüssigkeiten treten aus den Gefäßen in das Gewebe aus. Schwellungen, Ödeme und Pusteln zeigen sich.
▶ Schleimdrüsen werden aktiviert: Die Folge ist Nasenausfluss.
▶ Sensorische Nervenenden werden gereizt. Juckreiz, Niesen und Husten werden dadurch bewirkt.
▶ Die Verengung der Bronchien in der Lunge führt zu Asthma und Atembeschwerden.
Diese Palette wird möglicherweise noch erweitert durch Bindehautentzündungen, Durchfall oder Haarausfall, die ebenfalls eine Folge allergischer Reaktionen sein können.

Allergien der Katze

Das Krankheitsbild Allergie kann aber nicht nur Menschen betreffen, auch Tiere können unter allergischen Reaktionen leiden, die ähnliche Ursachen wie bei Menschen haben. Mitunter haben diese Erscheinungen bei Katzen überraschende Gründe:

- Manche Katzen vertragen keine Milch.
- Einige Tiere reagieren auf rotes Fleisch allergisch.
- Die Katze kommt mit der benutzten Katzenstreu nicht klar.
- Putzmittel sollten Beachtung finden. Teppichreinigungsmittel oder andere im Haushalt benutzte Reiniger können nicht nur bei Menschen, sondern auch für Katzen allergieauslösend sein.
- Kunststoffe, wie sie etwa für die Trinkschale und den Fressnapf verwendet werden, lösen allergische Reaktionen aus.
- Die Katze verträgt keinen Zigarettenrauch.
- Hautpflegelotionen, wie wir selbst sie benutzen, kommen ebenfalls als Allergieauslöser bei Katzen in Frage.

Wenn Sie die oben geschilderten Allergiesymptome bei Ihrer Katze bemerken, bleibt Ihnen nichts anderes übrig, als alle diese Stoffe der Reihe nach durch andere zu ersetzen oder aus Ihrem Haushalt zu entfernen, um festzustellen, ob eine Besserung eintritt.

59

Auch Katzen können allergisch gegen Nahrungsmittel, Katzenstreu, Plastik oder Reinigungsmittel reagieren.

Allergien gegen Katzen

Katzen können Allergien auslösen. Allergien gegen Katzen sind allergische Reaktionen gegen Hautschuppen, Fell oder Speichel der Tiere. Um sicherzugehen, ob eine Katzenallergie vorliegt, muss ein Allergietest durchgeführt werden. Wird eine leichte Katzenallergie festgestellt, können einige lindernde Maßnahmen ergriffen werden.

In leichteren Fällen hilft tägliches Bürsten oder gar Baden der Katze. Das Baden ist allerdings nur dann eine geeignete Maßnahme, wenn sie sich dieser Prozedur nicht zu sehr widersetzt.

Neigt ein Familienmitglied speziell zur Katzenhaarallergie, sind oft stärkere Mittel notwendig, um allergische Abwehrreaktionen zu umgehen. Folgende Maßnahmen können Abhilfe schaffen:

Mittel gegen starkes Haaren

Bereiten Sie eine Schüssel mit warmem Wasser, in das Sie eine geringe Menge Apfelessig geben. Feuchten Sie einen Waschlappen mit dieser Lösung gut an, und reiben Sie die Katze mehrmals damit ab. Der natürliche Haarausfall wird dadurch vermindert.

60

Katzenhaare können häufig Allergien auslösen. Deshalb ist es auch sehr wichtig, dass Ihre Wohnung leicht zu reinigen ist.

▶ Das Entleeren der Katzentoilette sollte sehr vorsichtig erfolgen, ohne viel Staub aufzuwirbeln.
▶ Reinigen Sie das Katzenklo niemals, ohne eine Staubschutzmaske aufzusetzen.
▶ Die Wohnung sollte möglichst glatte, abwaschbare Flächen aufweisen, und diese sollten am besten täglich feucht gereinigt werden.
▶ Luftreiniger, wie sie im gewerblichen Bereich zum Einsatz kommen, tragen manchmal auch zu einer Besserung der allergischen Erscheinungen bei. Sie filtern Katzenhaare aus der Luft.
Wenn diese Maßnahmen nicht helfen, sollten Sie über eine harte Konsequenz nachdenken: In manchen Fällen bleibt leider nur die Trennung von Mensch und Katze, wenn dies auch furchtbar schwer fällt.

Ein Schmusetier, das gern gestreichelt wird, jedoch auch reichlich Haare lässt.

Mit einer Pipette können Sie der kranken Katze leicht Flüssigkeit verabreichen.

Die kranke Katze

Trotz aller Vorsichtsmaßnahmen, guter Ernährung und allerbester Pflege kann eine Katze krank werden. Das Spektrum der Krankheiten reicht von leichten Infektionskrankheiten bis hin zu schweren und teilweise tödlichen Virusinfektionen. Und auch die Unfallgefahr ist in einem Katzenleben groß. Einige Erkrankungen können Sie leicht und wirkungsvoll selbst behandeln, vor anderen schützen nur Impfungen.

Die Schutzimpfung

Die meisten der durch Viren hervorgerufenen Infektionskrankheiten lassen sich durch Schutzimpfungen verhindern. Das gilt für einige schwer wiegende Erkrankungen der Katze.

Wichtige Impfungen

- Katzenleukose
- Katzenschnupfen
- Katzenseuche (Panleukopenie)
- FIP (Feline Infektiöse Peritonitis)
- Tollwut

Durch Grundimmunisierungen in der 9., 12., 16. und 19. Lebenswoche sowie durch jährliche Wiederholungsimpfungen können Sie Ihre Katze wirksam vor Infektionen schützen.

61

Impfungen müssen in regelmäßigen Abständen durchgeführt werden, wenn ein nachhaltiger Impfschutz aufgebaut werden soll.

Krankheiten und ihre Bekämpfung

Aber auch viele andere Krankheitserreger bedrohen die Gesundheit unserer Katzen. Bei Infektionskrankheiten hilft sich der Körper nicht selten mit einer Erhöhung der Temperatur, also mit Fieber. Zusätzlich arbeitet im Blutgefäßsystem eine ganze Armee von Abwehrkräften gegen die Eindringlinge – die Antikörper.

So werden die Erreger auf natürliche Weise bekämpft. Der Organismus ist anschließend gegen diese Krankheitsverursacher immunisiert. Ein Grund mehr, dem Körper die Chance zu geben, mit der Krankheit selbst fertig zu werden. Das bleibt nicht ohne Folgen: Aufmerksame Katzenhalter merken sehr schnell, wenn mit ihrer Katze etwas nicht stimmt, obwohl die Katze als Wildtier oft gar nicht – oder erst sehr spät – zeigt, dass es ihr schlecht geht. Jetzt ist möglicherweise der Moment gekommen, mit schonenden Mitteln helfend einzugreifen, um das Immunsystem zu stärken und die Krankheit bekämpfen zu helfen.
Anzeichen für eine Infektion sind: Unruhe, Apathie, Scheuheit, im weiteren Verlauf erweiterte Pupillen, Speicheln, Beißlust, Lähmungen und Krämpfe. Krankheiten, die sich langsam entwickelt haben, zeigen sich oft durch

- struppiges, mattes Fell
- Durchfall
- übermäßiges Trinken
- Gewichtsabnahme
- Kurzatmigkeit
- Mundgeruch
- Erbrechen
- hängende Nickhaut
- Apathie
- chronisches Fieber

62

Im Zweifelsfall sollten Sie bei Krankheitsanzeichen immer einen Tierarzt konsultieren.

Ein krankes Kätzchen braucht Ruhe und viel Schlaf.

Eine wichtige Entscheidung: Wann steht ein Tierarztbesuch an, wann können Sie Ihre Katze selbst heilen?

So helfen Sie Ihrer kranken Katze

Natürlich stellt sich jeder Mensch – sobald sein vierbeiniger Freund erkrankt – die Frage, ob eine Selbstbehandlung möglich ist oder ob der Weg zum Tierarzt unumgänglich ist.

Akute und chronische Erkrankungen

Akute Erkrankungen lassen sich in vielen Fällen selbst behandeln. Sie haben einerseits meist einen sehr intensiven Krankheitsverlauf – etwa hohes Fieber und starke Schleimentwicklung-, andererseits aber eine gute Heilungstendenz und Medikamente wirken schnell.
Chronische Erkrankungen hingegen haben sehr oft schlechte Heilungschancen. Sie haben sich langsam entwickelt und sind im Organismus bereits tief verwurzelt. Entsprechend lange dauert auch die Behandlung. Die Hinzuziehung einer Fachkraft ist in jedem Fall notwendig. Chronische Erkrankungen erkennen Sie daran, dass die Beschwerden oft schubweise auftreten und ständig wiederkehren. Eine Verwechslung mit einer akuten Krankheit ist nicht ausgeschlossen.
Akute Krankheiten gehen nicht selten in chronische Beschwerden über. Neben Diabetes und Epilepsie sind besonders Asthma und Rheuma als Beispiele zu nennen.

63

Übrigens: Harmlose Erkältungen sind in vielen Fällen nicht von beginnenden schweren Infektionskrankheiten zu unterscheiden.

Medikamente richtig verabreichen

Den erfahrenen Katzenhaltern unter Ihnen erzähle ich nichts Neues, wenn ich darauf hinweise, dass Katzen sich in der Regel erfolgreich gegen alles zu wehren wissen, was nach Medikament riecht oder schmeckt. Sie lassen sich meist nur schwer oder gar nicht beschummeln.

Tabletteneinnahme leicht gemacht

Katzen hassen es, Tabletten schlucken zu müssen. Sie werden alles tun, um um eine Tabletteneinnahme herumzukommen. Aber lassen Sie sich nicht entmutigen, ein paar Tricks werden auch Ihnen helfen, die Katze dazu zu bringen, das zu schlucken, was sie soll:

- Homöopathische Mittel in Globuliform (vgl. Kapitel »Homöopathie für Katzen«, S. 72ff.) lassen sich recht gut im Futter verstecken, und trotzdem verweigern Katzen oft die ganze Mahlzeit oder fressen gezielt um die Globuli herum.
- Probieren Sie dann, ob Sie das Mittel in flüssiger Form erhalten. Das gibt Ihnen die Möglichkeit, auf das angeborene Säuberungsverhalten Ihres vierbeinigen Freundes zurückzugreifen. Sie reiben das Fell mit ein paar Tropfen des Medikaments ein – besonders geeignet sind dafür die Pfoten. Die Katze wird alles daran setzen, diese Stelle sauber zu lecken – und so ist das Fell alsbald von dem Medikament befreit und die Medizin im Magen angekommen.
- Probieren Sie, die Tropfen in flüssiger Sahne, rohem Eigelb, einem Brocken Frischkäse oder einem Fischfiletstückchen zu verstecken – je nachdem, was Ihre Katze besonders gern mag. Aber, wie gesagt: Viele Katzen fallen nicht darauf herein!
- Kühlen Sie den »Köder«, bevor Sie eine Tablette darin verstecken, dann riecht die Pille nicht mehr so stark.
- Nascht Ihre Katze gern Hefeextrakt, können Sie die Tabletten pulverisieren und unter die Hefe mischen.
- Haben Sie die Möglichkeit, dem Futter Truthahnfett beizumengen – nicht zu viel, sondern nur in einer geschmacksbetonenden Menge –, so werden Sie feststellen, dass Ihre Katze manches Medikament heißhungrig mit verspeist.
- Tabletten und Kapseln, die weder zerkleinert noch aufgelöst werden können, werden eingefettet und, indem man den Kopf der Katze leicht nach oben und ihr Maul etwas aufgesperrt hält, weit hinten in die Mundhöhle auf die Zunge gelegt. Warten Sie, bis das Tier geschluckt hat! Mit einem leichten Streicheln über die Kehle können Sie dem Schluckvorgang eventuell etwas nachhelfen.

64

Das Verabreichen von Tabletten ist einfacher, wenn die Katze unsicher steht – etwa auf einem glatten Tisch. Sie hat dann in erster Linie mit ihrem Gleichgewicht zu kämpfen und macht es Ihnen nicht so schwer.

Beim Tierarzt ist ein krankes Tier in den besten Händen.

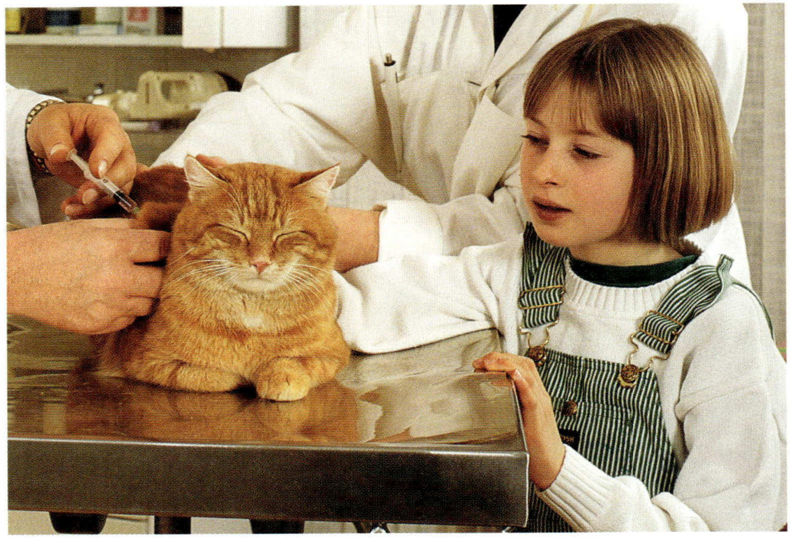

Das Medikament spritzen

Eine weitere Möglichkeit ist die Verabreichung flüssiger Medikamente mit Hilfe einer Einwegspritze (ohne Kanüle!) tief in den Schlund der Katze. Halten Sie den Kopf der Katze mit geschlossenem Maul leicht nach oben, und führen Sie die Spritze seitlich zwischen den Lippen ein, die mit zwei Fingern auseinander gehalten werden. Wenn der Kopf gestreckt ist, ist die Katze gezwungen, das Medikament hinunterzuschlucken, was man an der Halsbewegung ablesen kann.
Wissen Sie aus Erfahrung, dass Ihre Katze sich heftig wehrt, wickeln Sie vorher ein Handtuch oder eine Decke um sie herum, um sie ruhig zu stellen. Eine zweite Person zur Unterstützung – und zur Ablenkung der Katze – ist immer willkommen.

65

Ein flüssiges Medikament ist manchmal eine gute und sinnvolle Alternative zur oftmals mühsamen Tabletteneingabe.

Salben und Tinkturen auftragen

Müssen Sie Puder, Salben oder Tinkturen zur Hautbehandlung auftragen, sollten Sie Ihre Katze gleich danach zum Spielen ermuntern oder durch einen Leckerbissen ablenken, damit sie nicht mit ihrer

Zunge sorgfältig abträgt, was Sie vorher mühsam aufgetragen haben. Klappt das Ablenken absolut nicht, dann müssen Sie in diesem Fall wohl oder übel auf einen Kragen (Plastiktrichter) zurückgreifen, den Ihr Tierarzt für Sie bereithält.

66

Benutzen Sie unbedingt ein Thermometer mit einem kurzen, dicken Ende, da ein dünnes Thermometer leicht abbrechen kann – unter Umständen mit gefährlichen Folgen für das Tier.

Wenn die Katze Fieber hat

Normalerweise hat die Katze eine Körpertemperatur von etwa 37,8 °C bis 39,3 °C. Bei jungen Katzen ist die Temperatur meistens etwas höher als bei älteren Tieren. Ist der Normalwert um mehr als 0,3 °C erhöht, so ist dies zunächst einmal gut und hilfreich und ein Zeichen für einen Heilungsprozess, der vom körpereigenen Immunsystem eingeleitet wurde. Der Körper des Tieres reagiert auf Infektionen, Verletzungen, Zerstörung von Körperzellen und auf Giftstoffe mit einer solchen Temperaturerhöhung. Daher sollte Fieber auch keineswegs unterdrückt werden. Schließlich wird der Organismus auf diese Weise unter anderem mit eingedrungenen Krankheitserregern fertig und hilft sich somit selbst: Fieber beschleunigt den Stoffwechsel und verbessert damit auch die Abwehrreaktionen des Körpers. Zahlreiche Viren und Bakterien reagieren empfindlich auf hohe Temperaturen – sie werden durch Fieber zerstört. Allerdings – und hier kommt nun die Einschränkung: Allzu lange darf das Fieber nicht anhalten, denn sonst schädigt es auch die Katzenorgane.

67

Eine Kontrolle der erhöhten Temperatur ermöglicht es Ihnen, die Schwere der Erkrankung abzuschätzen und weitere Maßnahmen – oder den Gang zum Tierarzt – in Betracht zu ziehen.

Fieber messen

Wenn Sie den Eindruck haben, dass die Körpertemperatur Ihrer Katze erhöht ist, so messen Sie diese zunächst einmal möglichst genau mit einem Fiebethermometer – am besten rektal –, und schreiben Sie sich diesen Temperaturwert nebst Datum und Uhrzeit auf. So erhalten Sie nach einigen Stunden einen Überblick über den Temperaturverlauf und können zu gegebener Zeit eingreifen und den Fieberprozess beenden. Gern mögen Katzen das Fiebermessen natürlich nicht deshalb sollten Sie ein paar Tipps beherzigen:

68

Achten Sie beim Fieber messen auf die Bewegungen des Tieres, und folgen Sie ihnen, um eine Verletzung der empfindlichen Darmschleimhaut zu vermeiden.

69

Bei Fieber verliert das Tier viel Flüssigkeit und muss diese ersetzen. Träufeln Sie notfalls mit einer Einwegspritze (natürlich ohne Nadel!) Wasser in das Maul der Katze.

▶ Wichtig ist, dass die Katze beim Temperaturmessen ruhig gehalten wird, am besten mit Hilfe einer zweiten Person.
▶ Bestreichen Sie die Thermometerspitze mit Vaseline, Paraffin oder Pflanzenöl, dann gleitet das Thermometer besser.
▶ Schieben Sie das Thermometer anschließend etwa einen Zentimeter tief in den After des Tieres.
▶ Wenn Sie die Katze durch interessante Gegenstände oder Leckerbissen ablenken, fällt die Messung leichter.
▶ Nach etwa einer Minute können Sie die Temperatur ablesen.

Pflege bei Fieber

Gönnen Sie Ihrer Katze absolute Ruhe, und ermuntern Sie das Tier nicht zu unnötigen Aktivitäten. Katzen, die gern spielen, lassen sich auch im kranken Zustand dazu verleiten. Selbst wenn Sie dadurch kurzfristig den Eindruck bekommen, dass es Ihrer Katze nicht so schlecht geht: Der Schein trügt meist. Erst wenn die Beschwerden zunehmen und der Gesundheitszustand des Tieres sich sichtlich verschlechtert, sollten Sie Ihren Arzt um fiebersenkende Maßnahmen bitten. Meist merken Sie eine Verschlechterung am Verhalten des kranken Tieres. Es wirkt unruhig und schwerfällig.

Das Krankenlager

Legen Sie die Lieblingsdecke Ihrer Katze an ein warmes, ruhiges und trockenes Plätzchen. Sorgen Sie dafür, dass keine Zugluft über das kranke Tier hinwegstreicht. Als gut geeignet haben sich dafür Pappkartons in der richtigen Größe erwiesen – zumal man sie wegwerfen kann, wenn das Tier die Krankheit überwunden hat.
Ideal ist ein Platz in Ihrer Nähe, denn Katzen neigen im Krankheitsfall zum Zurückziehen, zu einer depressiven Stimmung, einem Sichfallenlassen, das dem Heilungsprozess oft nicht förderlich ist. Liegt das kranke Tier hingegen dort, wo sich das Leben der Familie hauptsächlich abspielt, wirkt dieser Umstand oft Wunder.

Bei starken Verletzungen wie beispielsweise Knochenbrüchen, aber auch nach Operationen dürfen Sie die Katze niemals erhöht legen. Wenn sie herunterspringt, um ihre Toilette aufzusuchen oder Nahrung zu sich zu nehmen, drohen schlimme Folgen.
Am besten ist es, wenn Sie ein zweites Katzenklo in der Nähe des Krankenlagers aufstellen. Ihre Katze kann dann selbst entscheiden, wie weit sie laufen möchte – und bei Durchfall ist das nahe Klo vielleicht die Rettung vor einem größeren Malheur.

Liebevolle Krankenpflege

Natürlich bekommt Ihr kranker Freund alle Zuwendung, die Sie erübrigen können, natürlich gibt es auch den einen oder anderen Leckerbissen zum Trost. Aber bitte gönnen Sie dem Tier vor allem Ruhe! Bei aller Zuneigung, die Sie empfinden und die Sie zum Ausdruck bringen möchten, ist Ihre Zurückhaltung geboten, sonst richten Sie mehr Schaden als Nutzen an.
Sie werden schon merken, wann Ihre Katze Sie in der Nähe haben mag und wann Sie sich besser zurückziehen. Übrigens: Schnurren ist nicht in jedem Fall ein Zeichen von Wohlbefinden. Mitunter schnurren auch Katzen, die starke Schmerzen haben. Aber alle anderen Zeichen der Körpersprache werden Ihnen verdeutlichen, ob Sie im Moment erwünscht sind oder nicht. Und hier noch ein paar Ratschläge zum Umgang mit kranken Katzen:

- Sind Sie längere Zeit außer Haus, schalten Sie ein Sprechprogramm im Radio ein, das vermittelt Geborgenheit.
- Kranke Samtpfoten müssen auf ihren gewohnten Auslauf leider verzichten. Ausnahme: Die Krankheit ist harmlos, und das Wetter nicht zusätzlich krankheitsfördernd.
- Bei schweren, insbesondere bei ansteckenden Krankheiten muss das betroffene Tier von seinen Artgenossen isoliert werden: Einerseits sollen sich gesunde Katzen nicht infizieren, andererseits soll das kranke Tier nicht mit weiteren Krankheitserregern belastet werden. Und auch für soziale Auseinandersetzungen mit anderen Tieren hat eine kranke Katze jetzt nicht genug Kraft.

70

Das Schnurren einer Katze ist nicht immer Ausdruck von Wohlbefinden; es kann mitunter auch bedeuten, dass die Katze starke Schmerzen hat.

71

Hygiene ist im Krankheitsfall für Mensch und Tier gleichermaßen wichtig und Grundvoraussetzung für eine schnelle Genesung.

▶ Haben Sie Ihren kleinen Patienten versorgt oder seine Toilette gereinigt, waschen Sie sich sorgfältig die Hände, bevor Sie sich um andere Tiere kümmern.

▶ Alle Textilien, auf denen die Katze in ihrem Körbchen gelegen hat, sollten Sie möglichst wegwerfen – oder gut auskochen.

▶ Dem Waschwasser, mit dem Sie die verschmutzten Textilien oder Gegenstände, die mit der kranken Katze in Berührung kamen, waschen, können Sie zur Desinfektion im Verhältnis 50:1 Natriumhypochlorit beimengen.

▶ Benutzen Sie ansonsten bitte keine Desinfektionsmittel oder Haushaltsreiniger!

Die beste Ernährung bei Krankheiten

Die Ernährung einer kranken Katze sollten Sie nicht auf gut Glück zusammenstellen, sondern stets mit Ihrem Tierarzt abstimmen. Grundsätzlich gelten folgende Regeln im Krankheitsfall: Sorgen Sie stets dafür, dass das erkrankte Tier viel Flüssigkeit zu sich nimmt. Gestalten Sie das Futter sehr wässrig. Vielleicht müssen Sie auch mit einer Einwegspritze (natürlich ohne Nadel) nachhelfen und Ihrer Katze Wasser ins Maul träufeln.

72

Das Heilfasten vermag auch die Heilungsprozesse nach einer Operation zu beschleunigen. Der Organismus wird dadurch entlastet.

Nulldiät

Hat die Katze Durchfall, wird sie zunächst einmal 24 Stunden auf Nulldiät gesetzt. Junge Kätzchen lässt man 8 bis 20 Stunden hungern. Manche Katzenhalter schwören übrigens auf einen regelmäßigen Fastentag in der Woche – allein schon zur Vorbeugung gegen alle möglichen Krankheiten. Der natürlichen Ernährungsweise der Katze mag das durchaus entsprechen, denn in der freien Natur ist auch nicht unbedingt jeden Tag ausreichend Nahrung zur Verfügung. Ob es der Lebensqualität unserer Hauskatzen insgesamt dienlich ist – und ob Sie den Bettelattacken des hungrigen Tieres standhalten können –, sind dann ganz andere Fragen.

Schonkost

Nach der Phase des heilenden Fastens, das auch die Darmreinigung unterstützen kann, bekommt die an einer Magen-Darm-Krankheit leidende Katze einige Tage lang Schonkost. Haferschleim wäre dafür ideal, aber nur wenige Katzen fressen ihn freiwillig.
Versuchen Sie folgendes Rezept: Haferschmelzflocken (am besten sind Vollkornflocken dafür geeignet) werden mit etwas Hühnerbrühe (anstatt wie üblich mit Milch) kurz aufgekocht. Das ist eine kräftigende Futtermischung, die Ihre Katze wegen ihres Fleischgeschmacks vielleicht akzeptiert. Durch das Erhitzen erleichtern Sie dem Tier die Aufnahme der Kohlenhydrate.
Einfacher haben Sie es wahrscheinlich mit magerem Putenfleisch, gekochtem Reis oder Kartoffelbrei, Hüttenkäse und Naturjoghurt. Geben Sie die Nahrung in mehreren kleinen Mahlzeiten über den Tag verteilt, füttern Sie insgesamt nur etwa halb so viel wie normalerweise, und sorgen Sie dafür, dass die Portionen stets handwarm sind. Später können Fisch und Lamm zugesetzt werden. Innerhalb einiger Tage steigern Sie die Futtermenge wieder auf den Normalwert.

73

Eine kranke Katze braucht andere Nahrung als eine gesunde Katze. In diesem Kapitel erhalten Sie Diättipps bei verschiedenen Katzenkrankheiten.

Nach einer Krankheit kommt eine Katze mit der richtigen Ernährung wieder schnell zu Kräften.

Das Trinken

Statt der Katze Trinkwasser anzubieten, können Sie es auch mit leichtem schwarzem Tee oder Fencheltee probieren. Auch Pfefferminz- und Kamillentee sind geeignet. Hilft dies nicht, so bieten Sie Ihrer kranken Katze zum Trinken das Wasser an, das beim Reiskochen angefallen ist. Sorgen Sie dafür, dass es etwa zimmerwarm ist. Ist es zu starkem Flüssigkeitsverlust gekommen, sollte der Katze nach Abklingen der ersten Symptome »stilles« Mineralwasser verabreicht werden.

Nahrung als Medizin

Einige Krankheiten können bereits durch die richtige Nahrung geheilt werden. Hier werden Speisen zur Medizin. Ein Medikamenteneinsatz wird dadurch vermieden. Bei allen möglichen Verdauungsproblemen, aber auch zur Stärkung nach Operationen und bei organischen Krankheitsbefunden wirkt eine passende Diät oft Wunder.

Mittel gegen Verstopfung

74

Verdauungsprobleme haben verschiedene Ursachen. Stress kann bei Katzen sowohl Durchfall als auch Verstopfung auslösen.

Nach Operationen, nach schweren Verletzungen und nach Geburten können Verstopfungen auftreten. Das ist bekannt, und dem sollte mit der geeigneten Nahrung begegnet werden. Bedenken Sie dies, und versuchen Sie, die Ursachen zu ergründen und zu beseitigen. Dauert die Verstopfung länger als ungefähr zwei bis drei Tage, so sollten Sie den Tierarzt aufsuchen. Insbesondere dann, wenn keine Darmgeräusche mehr zu hören sind, besteht die Gefahr, dass eine gefährliche Darmlähmung vorliegt.

▶ Benötigen Sie für Ihre Katze eine schnelle Hilfe bei Verstopfung, so verabreichen Sie ihr Ölsardinen. Ihre Katze wird begeistert sein.

▶ Natürlich sind auch ein paar Esslöffel Paraffinöl ein geeignetes Mittel bei Verstopfung – Sie werden allerdings zumeist bald feststellen müssen, dass Ihre Katze dieses Heilmittel nur äußerst widerwillig oder gar nicht einnehmen wird.

▶ Bei Verstopfung hilft Milchzucker ganz ausgezeichnet. Rühren Sie eine gehäufte Messerspitze ins Futter; das genügt pro Mahlzeit vollauf. Der Erfolg stellt sich alsbald ein.
▶ Als Alternative zu den bereits erwähnten Mitteln hat sich auch ein Schälchen Milch sehr bewährt.
Generell müssen Sie einer Katze, die unter Verstopfung leidet, viel zu trinken anbieten. Morgens – auf nüchternen Magen – sollte Ihre Katze bereits Wasser bekommen. Eventuell nimmt sie es nicht gern an. In diesem Fall müssen Sie es mit einer Spritze verabreichen.

Tipp: Zur Vorbeugung der Verstopfung ist auf eine regelmäßige Ernährung mit ausreichend Ballaststoffen zu achten. Wenn bereits Verstopfung eingetreten ist, hilft viel Bewegung. Lebhafte Spiele sind die zweite Maßnahme gegen Verstopfung!

75

Eine Überfunktion der Nebenniere kündigt sich oft durch Haarausfall an. Eine Diät ist in diesem Fall dringend zu empfehlen.

Beschwerden der Niere, Leber, Bauchspeicheldrüse

Katzen, die unter Nieren-, Leber- oder Pankreas-(Bauchspeicheldrüsen-)störungen leiden, sollten mit einer Ernährung versorgt werden, bei der der Fleischanteil deutlich gesenkt, der Gemüseanteil hingegen beträchtlich erhöht wird. Auf diese Weise sinkt die Belastung durch tierische Proteine in der Nahrung.
▶ Für nierenkranke Katzen ist eine zeitweilige Diät mit deutlich reduziertem Proteinanteil anzuraten. Das bedeutet generell: weniger Fleisch, mehr Gemüse als bei der normalen Ernährung.
▶ Eine leberkranke Katze sollte vor allen Dingen fettarm ernährt werden. Mageres, kalorienarmes Putenfleisch und Reis, gemischt mit Gemüse wie Brokkoli oder Porree, sind sehr geeignet.

Herzbeschwerden

Wenn Ihre Katze unter Herzbeschwerden leidet, sollten Sie große Sorgfalt auf die richtige Ernährung verwenden. Viele Ballaststoffe, wenig Fett lautet die Devise. Eine herzkranke Katze sollte bevorzugt mit

Süßwasserfisch, Huhn und anderem mageren Geflügel, Lammfleisch und Pferdefleisch, Reis und Nudeln gefüttert werden. Vermeiden Sie cholesterinhaltige Nahrung, und legen Sie Wert auf fettarme Kost.

Zuckerkrankheit

Für die zuckerkranke Katze können Sie selbst viel tun, um ihre Krankheit zu lindern. Halten Sie als Erste-Hilfe-Ausrüstung stets eine Einwegspritze, natürlich wie immer ohne Nadel, bereit, in die Sie in Wasser aufgelösten Traubenzucker gefüllt haben. So können Sie der Katze bei einer manchmal nicht zu vermeidenden Überdosierung mit Insulin, die zu Unterzuckerung führt, sofort über das Maul Glukose einflößen. Das gilt natürlich nur für den Fall, dass das Tier nicht ohnmächtig ist. In diesem Fall ist die Selbsthilfe nicht mehr angebracht, Sie sollten sofort einen Tierarzt aufsuchen.

76

Zuckerkranke Katzen magern oft stark ab. Ziehen Sie im Zweifelsfall unbedingt einen Tierarzt zu Rate.

Allergien

Wenn die Katze unter Allergien leidet, verfüttern Sie hypoallergene Nahrung, also ein Futter, das wenig allergieauslösende Substanzen enthält. Am besten eignen sich Lammfleisch, Huhn und Reis. Verzichten Sie auf die obligatorischen Leckerbissen zwischendurch! Und das Wichtigste: Geben Sie dem Tier niemals Milch!

Eisenmangel

Gegen Eisenmangel helfen rote Nahrungsbestandteile sehr gut: Füttern Sie die Katze mit rohen Roten Beten sowie roten Fleischsorten. Am besten wirken Herz und reines Muskelfleisch.

Hautkrankheiten

Seborrhö ist eine Hautkrankheit, die durch übermäßigen Talgfluss aus den Haarbalgdrüsen entsteht. Bei der trockenen Seborrhö bilden sich auf der Körperoberfläche der Katze trockene, schuppige Ablagerungen. Bei der feuchten oder fettigen Seborrhö sind ölige, schmierige Beläge auf dem Katzenfell festzustellen. Die Katze riecht außerdem ranzig. Als Behandlungsmaßnahmen bieten sich schonende Mittel aus der Naturheilkunde an. Mit einem Fellöl lindern Sie die unangenehmen Beschwerden der Seborrhö.

77

Bei Hautkrankheiten kann rohe Leber auch als Einzelmahlzeit verabreicht werden.

Fellöl

Sie brauchen: • Distelöl • Weizenkeimöl • Traubenkernöl Bezelöl und • Nachtkerzenöl

Verwenden Sie die Öle einzeln, oder mischen Sie sie zu gleichen Teilen. Geben Sie von dieser Mischung einen halben Teelöffel pro Mahlzeit ins Katzenfutter. Diese Dosis ist absolut ausreichend.

Die Öle des oben genannten Fellöls enthalten mehrfach ungesättigte Fettsäuren und helfen bei der Regeneration von Haut- und Haarkleid. Ergänzend können rohe Leber und Hefe verfüttert werden. Eine solche gezielte Ernährung gewährleistet, dass die Katze zusätzlich mit ausreichend Vitamin H versorgt wird. Der Heilungsprozess der Hauterkrankung wird dadurch wirkungsvoll unterstützt.

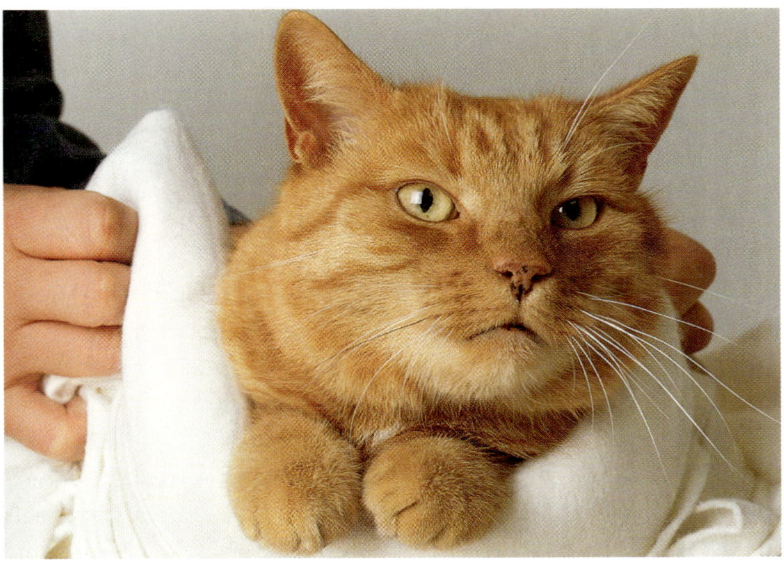

Bei Hauterkrankungen ist Fellpflege besonders wichtig.

Die Natur stellt uns viele Heilmittel zur Verfügung.

Alternative Heilmethoden

In den letzten Jahrzehnten haben alternative Heilmethoden nicht nur bei menschlichen Patienten Hochkonjunktur, sondern auch bei der Behandlung von Tieren Einzug gefunden. Die alternative Medizin steht in dem Ruf, sanft und natürlich zu heilen.

Fünf Gesetze

Zur Bewertung alternativer Heilmittel gilt, dass alle diese Verfahren fünf Gesetzen gehorchen sollten. Sie lauten folgendermaßen:

1. Ziel derTherapie ist es, die Regulationsmechanismen und Selbstheilungskräfte des tierischen Organismus in Gang zu setzen.
2. In der alternativen Medizin kommen ausschließlich ungiftige, unschädliche und rückstandsfreie Mittel und Methoden zum Einsatz.
3. Die Wiederherstellung der Grundfunktionen des erkrankten Organismus soll Ergebnis derTherapie sein.
4. Heilvorgänge sollten mit biologischen Mitteln bei schwachen und schwächsten Reizen eingeleitet werden.
5. Das Motto »primum nil nocere« gilt als Grundsatz alternativer Methoden: »Vor allem nicht schaden«.

78

Heilpflanzen werden in der Apotheke und im Reformhaus als Tee oder Badezusatz, als Tropfen, Dragees oder Säfte, zur Inhalation oder zum Einreiben angeboten.

Die Phytotherapie und bestimmte Formen der Lichttherapie sowie der Homöopathie behaupten mittlerweile ihren festen Platz in der Tierheilkunde. In der Tierheilkunde haben sich zunehmend auch andere Therapieformen durchgesetzt, mit denen Tierhalter mitunter verblüffende Erfolge erzielt haben sollen: Der Einsatz von Bach-Blüten gehört ebenso dazu wie die Anwendung von Akupunktur, Akupressur und Reflexzonenmassage. Auch die Reiki-Behandlung wird bei der Heilung von Tieren bereits häufig angewendet.

Phytotherapie – die heilende Kraft der Kräuter

Paracelsus war ein berühmter Arzt und Naturphilosoph der frühen Neuzeit, der von 1493 bis 1541 lebte. Er wies bereits auf eine wichtige Maxime der Naturheilkunde hin, wenn er feststellte: Alle Wiesen und Matten, alle Berge und Hügel sind Apotheken. Kräuterheilverfahren haben in den letzten Jahren immer mehr an Bedeutung gewonnen.

Pflanzenarznei

Pflanzliche Arzneimittel – so genannte Phytopharmaka – setzen sich aus Teilen der Pflanzen wie Blättern, Blüten oder Wurzeln zusammen, oder sie bestehen aus ganzen Pflanzen. Mit wirksamen Kräutern können Sie Aufgüsse zubereiten und Ihre Katze die aufsteigenden Dämpfe einatmen lassen.

Kräuteraufguss

Sie brauchen: 1/2 Wasser • 1 EL Kräuter nach Bedarf

Gießen Sie heißes Wasser in eine Schüssel mit den möglichst frischen Kräutern. Wiederholen Sie den Aufguss nach einer halben Stunde.

Bei länger anhaltenden oder gar chronischen Katarrhen sollte beispielsweise Ihre Katze ein- bis zweimal täglich für etwa zehn Minuten Kamillendämpfe einatmen. Halten Sie dazu dem Tier den Topf vorsichtig unter die Nase. Sie können auch eine Kräutermischung Ihrer Wahl in ein kleines Kissen einnähen und dieses am Schlafplatz Ihrer Katze deponieren. Protestiert Ihr vierbeiniger Freund, verstecken Sie das Kissen unter der Lieblingsdecke.

Wichtig: Achten Sie darauf, dass Ihre Katze nicht versehentlich mit dem heißen Wasser in Berührung kommt oder das Gefäß mit der heißen Lösung umkippen und das Tier verbrühen kann.

79

Wenn die Inhaliermethode bei Ihrer Katze keine Wirkung zeigt, sorgen Sie dafür, dass die Raumluft mit Kamilledämpfen erfüllt ist.

Heilmittel aus dem Küchenschrank

Viele der Kräuter, die in der Naturheilkunde eingesetzt werden, sind ganz gewöhnliche Küchenkräuter, und trotzdem entfalten sie ihre Wirkung bei Krankheiten. Diese Heilmittel haben Sie vermutlich als Gewürze in Ihrer Küche vorrätig:

▶ **Basilikum** vertreibt nicht nur Insekten, sondern auch lästigen Mundgeruch und hilft bei Kopfschmerzen. Mischen Sie das Kraut ins Futter, oder füllen Sie ein Kräuterkissen damit.

▶ **Dill** hilft bei Blähungen, und auch Koliken können mit dem Gewürz erfolgreich behandelt werden. Mischen Sie Dill ins Futter.

▶ **Fenchel** hilft bei Verdauungsbeschwerden und Magenverstimmungen. Mischen Sie rohen Fenchel ins Futter oder Trinkwasser.

▶ **Fencheltee** hat sich bei Augenentzündungen, Kratzwunden und Kampfverletzungen sehr bewährt. Außerdem ist er ein geeignetes Mittel zur Behandlung von Abszessen, denn er fördert die Abszessbildung und beschleunigt damit die Heilung.

Fencheltee-Kompressen

Sie brauchen: 1 EL Fenchelsamen • 1/2 Liter Wasser • 1 Kompresse

Kochen Sie Fenchelsamen in Wasser, und lassen Sie die Mischung etwas ziehen. Stellen Sie eine feuchtwarme Kompresse her, indem Sie eine Mullbinde oder saubere Baumwolle mit dem lauwarmen Tee tränken. Drücken Sie die Kompresse auf die betroffenen Stellen. Möglichst lange einwirken lassen.

80

Mehr als eine halbe Knoblauchzehe – verteilt auf drei Mahlzeiten – sollte nicht verabreicht werden, sonst verweigert die Katze das Futter.

▶ **Ingwer** vertreibt Übelkeit und alle Arten rheumatischer Beschwerden. Mischen Sie fein geriebenen Ingwer ins Futter.

▶ **Knoblauch** hilft, den Blutdruck auf Normalwerten zu halten, vertreibt Zecken und stärkt die Verdauung. Mischen Sie Knoblauch in kleinen Mengen ins Katzenfutter.

▶ **Kresse** hat antibiotische Wirkung, beugt also Entzündungen vor und wehrt allgemein Krankheiten ab. Mischen Sie Kresse ins Futter.

▶ **Kurkuma** (Gelbwurz) unterstützt die Behandlung rheumatischer Beschwerden und lindert die Nebenerscheinungen der Diabetes, also der Zuckerkrankheit. Mischen Sie Gelbwurz ins Futter, oder füllen Sie ein Kräuterkissen mit dem Gewürz.

▶ **Kümmel** hilft bei Verdauungsbeschwerden. Ins Futter mischen.

▶ **Kümmeltee** wirkt oft Wunder gegen Blähungen. Mischen Sie Kümmeltee ins Futter.

▶ **Nelken** lindern Schmerzen und wirken als Antiseptikum, hemmen also das Wachstum von Bakterien bei der Wundbehandlung. Äußerlich anwenden oder ins Kräuterkissen geben.

▶ **Petersilie** bekämpft durch den hohen Anteil an Chlorophyll (Blattgrün) Mundgeruch. Mischen Sie Petersilie ins Futter.

81

Inhaltstoffe von Heilpflanzen sind nicht generell harmlos: Sie können durchaus schädlich oder sogar giftig wirken und bei unsachgemäßer Handhabung die Organe angreifen oder Krankheiten auslösen.

Arznei aus der Pflanzenwelt: Einfache Gartenkräuter wie Kresse oder Petersilie können zur Linderung und Heilung von Beschwerden beitragen.

▶ **Pfefferminze** beruhigt den Magen bei einer Verstimmung, wirkt bei Übelkeit und Erbrechen und befreit die Atemwege. Mischen Sie Pfefferminze bei Übelkeit ins Futter. Zur Verbesserung von Atemwegserkrankungen geben Sie das Gewürz ins Kräuterkissen oder lassen die Katze mit einem Aufguss inhalieren.

▶ **Piment** hilft bei verdorbenem Magen. Mischen Sie es ins Futter.

▶ **Salbei** wirkt wundheilend. Legen Sie das Gewürz entweder frisch auf die Wunden, oder bereiten Sie eine Kompresse zu, die Sie mit lauwarmem Aufguss des Salbeis getränkt haben.

▶ **Schnittlauch** stabilisiert den Blutdruck. Mischen Sie ihn ins Futter.

▶ **Thymian** lindert Atembeschwerden. Lassen Sie Ihre Katze mit Thymian inhalieren.

▶ **Zwiebeln** wirken blutdrucksenkend. Mischen Sie sie fein gerieben ins Futter.

82

Altbewährte Hausmittel aus der Kräuterküche helfen auch Katzen. Viele von ihnen können Sie ganz einfach selbst herstellen.

Alte und bewährte Hausmittel

An dieser Stelle möchte ich Ihnen noch drei altbewährte Hausmittel vorstellen, die in vielen unterschiedlichen Bereichen einsetzbar sind und in keinem Haushalt fehlen sollten.

▶ **Arnika** hilft bei Verstauchungen, wenn man das schmerzende Gelenk vorsichtig mit einer Arnikatinktur einreibt.

▶ **Kürbiskerne** sind ein probates Mittel gegen Würmer. Ein halber Kürbiskern – gemahlen dem Futter beigemengt – beugt vor und befreit die Katze von unliebsamen Parasiten.

▶ **Kamille** hemmt entzündliche Prozesse. Besonders bei der Behandlung von Hautproblemen hat sich Kamillenextrakt bewährt. Fertigen Kamillenextrakt erhalten Sie in der Apotheke oder im Drogeriemarkt, Sie können ihn aber auch selbst herstellen, um ihn anschließend auf erkrankte Hautstellen aufzutragen.

Kamillenextrakt

Sie brauchen: Kamillenblüten • Wasser

Kochen Sie die Kamillenblüten in Wasser auf, und bereiten Sie einen besonders starken Kamillentee zu. Lassen Sie den Kamillensud abkühlen.

Tupfen Sie einige Tropfen des Kamillenextraktes direkt auf die betroffenen Körperstellen und verreiben Sie sie vorsichtig.

83

Ätherische Öle und Kräuteressenzen sollten nur verdünnt angewendet werden, denn in konzentrierter Form können sie die Schleimhäute reizen.

Ätherische Öle

Ätherische Öle sind schnell verdunstende pflanzliche Öle, die zum Teil intensive Gerüche verbreiten. Aber sie sind mehr als nur Substanzen zur Aromatisierung unserer Wohnräume: Diese Düfte wirken auf die Psyche, sie können anregen und beruhigen, entspannen und stimulieren. Ätherische Öle lassen sich in Duftlampen verdampfen, als Badezusatz verwenden oder direkt auf die Haut auftragen.
Pflanzenöle lassen sich vielfältig einsetzen. Sie sind ein wirksames Mittel bei der Abwehr von Parasiten, lassen das Fell schön glänzen und können verschiedene Krankheiten lindern.

Anwendung von Duftölen

Beträufeln Sie ein Baumwolltuch mit dem Öl Ihrer Wahl, und legen Sie es unter das Schlafkissen oder den Schlafkorb Ihrer Katze. Nach kurzer Zeit haben die Duftstoffe sich den Weg nach oben gebahnt und erreichen die Katzennase. Oder geben Sie einige Tropfen in die Schale einer Duftlampe, die von einem Teelicht erwärmt wird, und schon verbreitet sich in kurzer Zeit ein intensiver Geruch. Ebenso geeignet ist die Verbreitung über Luftbefeuchter, die eine Vorrichtung zur Verdampfung aromatischer Öle haben.

- ▶ Als Badezusatz geben Sie jeweils 5 bis 15 Tropfen in das Wasser.
- ▶ Verdünnen Sie 20 bis 40 Tropfen mit etwa 100 Milliliter fettem Körperöl, und massieren Sie einige Tropfen vorsichtig ins Fell ein.

Ätherische Öle können in der richtigen Konzentration und Kombination auch bei Katzen Beschwerden lindern.

Bekämpfung von Parasiten

Leider haben Katzen und andere Haustiere immer wieder mit Parasiten zu kämpfen. Auch hier können Duftöle helfen. Besonders Eukalyptus-, Pfefferminz- und Zitronenöl haben sich bei der Ungezieferabwehr als wirksam erwiesen. Flöhe, Läuse und Zecken meiden diese Gerüche wenn irgend möglich.
Das bedeutet nicht, dass eine Bekämpfung der Parasiten mit den ätherischen Ölen generell möglich wäre, denn gegen eine Armada von Flöhen sind Sie machtlos. Sehr wohl aber können Duftöle, nachdem die Katze mit herkömmlichen Mitteln behandelt wurde und ungezieferfrei ist, einem erneuten Befall vorbeugen.

84

Ätherische Öle dürfen nur in seltenen Fällen und nur nach Rücksprache mit dem Tierarzt eingenommen werden.

Duftöle gegen Ungeziefer

Sie brauchen: verschiedene Duftölessenzen, etwa Eukalyptus, Pfefferminze und Zitrone

Geben Sie täglich einige Tropfen in das Haarkleid der Katze, und verreiben Sie diese sorgfältig. Besonders im Nacken haben die Öle die Chance, nicht gleich aufgeleckt zu werden, und können ihre Wirkung entfalten.

Trägt Ihre Katze ein Lederhalsband, so können Sie auch dieses mit den Ölen beträufeln. Oder Sie binden Ihrer Katze für ein paar Stunden ein aufgerolltes Halstuch um. Aber Achtung: Knoten Sie es nicht zu fest! Am besten verwenden Sie es nur unter Ihrer Aufsicht.

Atemwegserkrankungen

Bei Atemwegserkrankungen wie Asthma oder Bronchitis hat sich das Inhalieren bewährt. Besonders geeignet sind hierfür die Duftöle Anis, Bergamotte, Eukalyptus, Fenchel, Kampfer, Kamille, Pfefferminze, Salbei, Schafgarbe, Teebaum und Thymian.

Teebaumöl

Teebaumöl hat sich wirklich als ein Universalmittel erwiesen: Von der Akne bis zur Zyste hilft es, Erkältungen werden gestoppt, Wunden heilen im Nu. Und selbst Ungeziefer bereitet es den Garaus.

Wundbehandlung mit Teebaumöl

Für die Katze bietet sich Teebaumöl zur Behandlung äußerer Wunden an. Es wirkt desinfizierend und fördert die Wundheilung. Geben Sie drei bis vier Tropfen Teebaumöl auf ein sauberes Leinentuch, und tupfen Sie die Wundränder vorsichtig damit ab. Zur Behandlung einer Hauterkrankung beträufeln Sie die erkrankten Partien und massieren das Öl vorsichtig ein.

Geliebte Katzenminze

Die Katzenminze spielt im Leben der Katzen eine ganz besondere Rolle. Sie erregt die Katze und beruhigt sie zugleich, und so sind die Einsatzmöglichkeiten auch sehr vielfältig.

- Katzenminze auf das Futter gestreut wirkt appetitanregend.
- Spielzeug und Kratzbäume, ja selbst Transportkörbe, mit denen es zum Tierarzt geht, gewinnen an Attraktivität, wenn man sie ab und zu mit der Pflanze bestreicht.

85

Gewonnen wird Teebaumöl aus den Blättern des Teebaums »Melaleuca alternifolia«, der ursprünglich nur in South Wales in Australien wuchs, heute aber – aufgrund der weltweit gestiegenen Nachfrage – in Plantagen angebaut wird.

86

Die Ursache für die große Beliebtheit dieser Minzesorte bei Katzen heißt »Nepetalakton«, ein Stoff, der direkt auf das Nervensystem wirkt: er regt an oder entspannt.

▶ Ein kurz aufgebrühter Tee aus Katzenminze fördert die Verdauung. Alle vier Wochen vorbeugend statt Trinkwasser zimmerwarm in den Napf geben.

▶ Katzen wälzen sich gern in dem Kraut, beschnuppern es und knabbern daran. Sie geraten geradezu in Hochstimmung.

Katzenminze selbst ziehen

Selbstverständlich kann man die begehrte Pflanze auch selbst ziehen: Im Blumentopf an einem sonnigen Fensterplatz können Sie jederzeit mit der Aussaat beginnen, im Garten ist der Zeitraum von Mai bis Juni geeignet. Ist die Katzenminze etwa 45 Zentimeter hoch gewachsen, schneiden Sie die Stängel ab, denn dann ist der Anteil an ätherischem Öl in ihnen am höchsten. Kopfüber zum Trocknen aufhängen.

Die heilende Kraft des Lichtes

Eine Katze blinzelt schläfrig in die Mittagssonne, eine andere streckt sich wohlig im gleißenden Sonnenschein – Katzen lieben das Sonnenlicht! Dabei sind sie eigentlich nachtaktive Tiere und kommen ja auch im Dunkeln hervorragend zurecht.

87

Die Glühlampen erhalten Sie im Fachhandel für etwa 9 bis 15 DM in unterschiedlichen Leistungsstärken. Sie werden mit diversen Gewinden angeboten und können in nahezu jeder Lampe und Fassung betrieben werden.

Vollspektrumlampen

Fluoreszierende Vollspektrumlampen ahmen das natürliche Sonnenlicht nach. Sie kommen dem natürlichen Tageslicht am nächsten und können das Immunsystem ebenso stärken wie Sonnenstrahlen. Mit den – nicht ganz preiswerten – Lampen schaffen Sie Ihrer Katze ein künstliches Licht, das dazu beiträgt, ihre Abwehrkräfte zu aktivieren. Licht aus Vollspektrumlampen tut Katzen so gut wie das Licht der Sonne, das ja leider nur ab und zu den Lieblingsplatz bescheint: Gönnen Sie Ihrer Katze eine Vollspektrum-Lichtquelle an einem Platz, an dem sie es sich gemütlich machen kann; ihre Gesundheit und ihr Allgemeinbefinden wird davon profitieren.

Einer kranken Katze tun Sie etwas besonders Gutes mit einer Vollspektrumlampe. Besonders bei Haut- und Gelenkerkrankungen sowie Erkrankungen der Atmungsorgane sollten Sie Ihrer Katze auf jeden Fall eine Therapie mit Vollspektrumlicht zukommen lassen. Wie lange sie sich dem Licht aussetzt, wird ihre Katze ganz allein entscheiden – und schaden können Sie ihr in keinem Fall.

88

Der Stromverbrauch einer Rotlichtlampe entspricht dem einer normalen Glühlampe gleicher Leistung.

Rotlichtlampen

Spezielle Rotlichtlampen, bei denen es mehr auf die abgestrahlte Wärme als auf das Licht ankommt, tun Ihrer Katze besonders gut, wenn sie Untertemperatur hat, unter Infektionen der oberen Atemwege leidet oder eine Harnwegserkrankung vorliegt. Bestrahlen Sie Ihre Katze eine halbe Stunde lang aus etwa 1 bis 1,5 Metern Entfernung, und bleiben Sie während der Behandlung möglichst neben der Lampe sitzen, um eine Verbrennung allzu neugieriger Katzennasen zu vermeiden. Die Verwendung von Rotlichtlampen hat gegenüber Wärmflaschen den Vorteil, dass diese nicht so leicht durch Katzenkrallen beschädigt werden können.

Katzen lieben sonnige Plätzchen: Unter warmen Lichtstrahlen können sie sich optimal entspannen.

Die homöopathischen Globuli wirken wahre Wunder.

Homöopathie für Katzen

An dieser Stelle erfahren Sie Grundsätzliches über das Heilverfahren der Homöopathie – und Sie können nachlesen, welche homöopathischen Mittel Ihrer Katze helfen können. Es ist auch keineswegs nötig, Homöopatie und Schulmedizin gegeneinander auszuspielen. Gerade bei vielen chronischen Erkrankungen hat sich die Homöopathie mittlerweile als eine immense Hilfe für die Schulmedizin erwiesen.

Das homöopathische Prinzip

Die Homöopathie ist eine naturheilkundliche Methode, die – im Gegensatz zur Schulmedizin – davon ausgeht, dass »Ähnliches« stets »Ähnliches« zu heilen in der Lage ist. Diese Vorstellung geht auf Hippokrates, den griechischen Arzt der Antike, zurück. Das »Prinzip der Ähnlichkeit« bei der Auswahl von Medikamenten zur Behandlung verschiedenster Krankheiten hat Friedrich Samuel Hahnemann vor etwa 200 Jahren entdeckt und zum Gegenstand der Homöopathie gemacht. Er gilt als Begründer dieser Methode.

89

Paradox, aber wahr: Je höher die Verdünnung, desto tiefgreifender ist die Wirkung des homöopathischen Mittels!

So wirkt Homöopathie

Hahnemann ging davon aus, dass Krankheiten lediglich ein Ausdruck geschwächter Lebenskraft, ein Zeichen eines gestörten harmonischen Systems im Körper sind. Homöopathische Mittel erheben den Anspruch, den Körper anzuregen, die Lebenskraft wieder ins rechte Lot zu bringen, so dass eine echte Heilung und nicht etwa eine Abhängigkeit von Heilmitteln die Folge ist. Daher werden die heilenden Stoffe auch nie direkt auf die betroffenen Stellen aufgebracht. Nach der oralen Aufnahme, also dem Schlucken von entsprechenden Globuli oder Tropfen, stärken diese automatisch die aus dem Gleichgewicht geratene Lebenskraft dort, wo es nötig ist.

Potenzen

Homöopathische Mittel sind bis zu ganz bestimmten Potenzen verdünnt. Bei den »D-Potenzen« wird der Ausgangsstoff 1 : 10 verdünnt und zehnmal geschüttelt – in diesen Lösungen ist noch eine ganze Menge des Ausgangsstoffes enthalten. Bei den »LM-Potenzen« hingegen wird die Ursubstanz 1 : 50.000 verdünnt und anschließend 100-mal geschüttelt! Besonders gebräuchlich sind die so genannten »C-30-Potenzen«. Das bedeutet, dass ein Tropfen der Urtinktur (beispielsweise ein Tropfen Bienengift) mit 100 Tropfen Alkohol verdünnt und 100-mal verschüttelt worden ist, dann hat man die so genannte C-1-Lösung. Von dieser Lösung nimmt man wiederum einen Tropfen und verschüttelt ihn 100-mal mit 100 Tropfen Alkohol; das Ergebnis ist die C-2-Lösung. Von dieser wird wiederum ein Tropfen mit 100 Tropfen Alkohol verdünnt und 100-mal verschüttelt, damit ist man bei der C-3-Lösung. Wiederholt man die ganze Prozedur nun noch einige Male, hat man irgendwann die C-30-Potenz erreicht. Verstehen Sie nun, warum Homöopathen auch Arsen oder Quecksilber verabreichen können?

90

In der Homöopathie kommt es meist zur so genannten »Erstverschlimmerung«. Bevor es endgültig besser wird, tritt es erst einmal eine Verschlechterung ein.

Wichtig: Je früher ein Medikament verabreicht wird, desto besser! Oft brechen Krankheiten dann gar nicht erst aus, oder die Rekonvaleszenzphase ist deutlich verkürzt.

Homöopathie für Tiere

Nachdem bereits 1815 erste Veröffentlichungen zur Homöopathie in der Tiermedizin erschienen waren, wies auch Hahnemann darauf hin, dass gleiche Grundsätze für Mensch und Tier bei der Behandlung mit homöopathischen Mitteln gelten. Die Dosierungen richten sich nicht nach dem Körpergewicht. Mensch und Katze können daher mit den gleichen Medikamentenmengen behandelt werden. Als gebräuchliche Eingabeform zur Erstbehandlung gilt die Gabe von fünf Globuli in C-30-Potenz direkt ins Maul der Katze.

Wichtig: So genannte »Antidote« heben die Wirkung homöopathischer Mittel auf. Dazu gehören viele Stoffe, die in phytotherapeutischen Mitteln enthalten sind, etwa Kampfer, Kamille und ätherische Öle.
Es können einfach stark duftende Stoffe wie Gewürze, Pfefferminze, Tees und Kaffee sein. Achten Sie darauf, dass die Mittel nicht vermischt werden.

91

Manche Tiere werden während der homöopathischen Behandlung unruhig, andere besonders ruhig, manche aggressiv, andere anhänglich oder eher »weinerlich«. Auch das ist nicht ungewöhnlich und sollte Sie nicht beunruhigen.

Beobachten Sie eine Erstverschlimmerung oder eine Besserung, können Sie sicher sein, das richtige Mittel gefunden zu haben. Der Heilungsprozess ist in Gang gekommen, und Sie sollten jetzt nicht eingreifen. Verabschieden Sie sich von der Vorstellung, dass hohe Konzentration mehr bewirkt als geringe. Die Homöopathie wirkt genau anders herum. Stagniert der Besserungsprozess nach einiger Zeit, werden fünf Globuli in einem halben Glas Wasser aufgelöst und zehnmal umgerührt. Davon erhält die Katze drei Teelöffel. Eventuell geben Sie der Katze diese Lösungsmenge mit einer Einwegspritze ohne Nadel direkt ins Maul. Das kann über zwei bis fünf Tage so fortgeführt werden, dann dürfte die Lösung auch verbraucht sein. Vor jeder Entnahme sollten Sie aber die Lösung erneut zehnmal umrühren. Wenn das Krankheitsbild sich wandelt, muss möglicherweise ein neues Medikament eingesetzt werden. Das Prinzip der Ähnlichkeit hilft hier sehr, um die Wahl des neuen Mittels richtig zu treffen.

Das hilft Ihrer Katze

Wenngleich die klassische Homöopathie mehr als 2.000 Mittel kennt, sind es doch nur etwa 40, die bei der Katze zum Einsatz kommen sollten. Probieren Sie aus, studieren Sie die Wirkungen. Haben Sie Erfolg, arbeiten Sie sich mit Hilfe von spezieller Literatur oder einem Praxiskursus intensiver ein und erweitern das Medikamenten- und Behandlungsspektrum zum Wohl Ihrer Katze. Von folgenden Mitteln sollte Ihre homöopathische Haus- und Notfallapotheke für die Katze jeweils ein Röhrchen C-30-Globuli enthalten:

40 Mittel aus der Homöopathie

- Aconitum napellus (Blauer Eisenhut oder Sturmhut)
- Alumina (Aluminium)
- Apis mellifica (Gift der Honigbiene)
- Arnica montana (Bergwohlverleih)
- Arsenicum album (Weißes Arsenik)
- Belladonna (Tollkirsche)
- Bryonia alba (Weiße Zaunrübe)
- Calcium carbonicum (Kalziumkarbonat, Kohlensaurer Kalk)
- Calcium phosphoricum (Kalziumphosphat)
- Calendula (Ringelblume)
- Cantharis (Spanische Fliege)
- Carbo vegetabilis (Holzkohle)
- Causticum (Hahnemanns Ätzstoff)
- China officinalis (Chinarinde)
- Cocculus ind. (Kokkelsbeere)
- Drosera rot. (Sonnentau)
- Dulcamara sol. (Bittersüß)
- Euphrasia (Augentrost)
- Ferrum phosphoricum (Eisenphosphat)
- Gelsemium (Gelber oder Falscher Jasmin)
- Hepar sulphuris (Kalkschwefelleber)
- Hypericum perforatum (Johanniskraut)
- Ignatia (Ignatiusbohne)
- Ipecacuanha (Brechwurzel)
- Ledum palustre (Wilder Rosmarin)
- Lycopodium (Gemeiner Bärlapp)
- Mercurius solubilis (Schwarzes Quecksilberoxyd)
- Natrium muriaticum (Kochsalz)
- Nux vomica (Brechnuss)
- Phosphorus (Gelber Phosphor)
- Plumbum (Blei)
- Pulsatilla (Küchenschelle)
- Rhus toxicodendron (Gifteiche)
- Sepia (Tintenfisch)
- Silicea (Kieselsäure)
- Staphisagria (Stephanskraut)
- Sulfur (Schwefel)
- Symphytum (Beinwell)
- Thuja occidentalis (Abendländischer Lebensbaum)
- Veratrum album (Weiße Nieswurz, Germer)

92

Die meisten Apotheken halten die wichtigsten homöopathischen Medikamente bereit, so dass Sie sich entsprechend versorgen können.

Homöopathische Mittel gezielt einsetzen

Wenn Sie Ihrer Katze im Krankheitsfall mit homöopathischen Mitteln zur Seite stehen möchten, müssen Sie wissen, welches Mittel bei welcher Krankheit angebracht ist. Umfassende Kenntnisse zur Homöopathie können Sie sich selbstverständlich aneignen, wenn Sie das Thema interessiert. Vergleichen Sie bitte auch die Literaturhinweise im Anhang. Die Tabelle auf Seite 77ff. vereinfacht die Anwendung der Homöopathie im konkreten Fall.

Anwendung der Tabelle

Die Anwendung der nachfolgenden Tabelle sei Ihnen an zwei Beispielen erläutert. Werden wir konkret: Sie stellen an Ihrem Tier massive Krankheitssymptome fest, nämlich Erbrechen und Durchfall. Zuerst beobachten Sie, wie häufig Ihre Katze unter der Erkrankung leidet, und schließen mögliche Ursachen aus.

Treten diese Symptome mehrfach am Tage auf, sollten zunächst mögliche Magen-, Leber- und Pankreas-(Bauchspeicheldrüsen)erkrankungen ausgeschlossen werden. Auch Katzenseuche und Leptospirose lösen Erbrechen und Durchfall aus. Sie finden die entsprechenden Krankheitssymptome im Anhang aufgeführt. Ist dem Erbrochenen oder dem Kot gar Blut beigemengt, sollten Sie schleunigst Ihren Tierarzt aufsuchen.

Gibt es keine diagnostizierbaren Veränderungen, die auf eine der oben genannten Erkrankungen hinweisen, versuchen Sie, die Krankheitserscheinungen anhand der Tabelle möglichst genau zu erfassen, und wählen das entsprechende homöopathische Mittel aus.

Falls Sie damit keine Besserung erzielen, sollten Sie bezüglich der Konzentration flexibel sein: Versuchen Sie zunächst die altbewährte C-30-Potenz, probieren Sie aber auch niedrigere Konzentrationen (beispielsweise LM 6), die noch wirkungsvoller sind. Sehen Sie keinen Erfolg, probieren Sie ein anderes Mittel, das gemäß Angaben in der Tabelle möglicherweise auch in Frage käme. Ebenso verfahren Sie mit allen anderen Krankheitssymptomen, die Ihr Tier zeigt.

93

Denken Sie bei der Anwendung homöopathischer Mittel immer an die Grundregel: Viel hilft nicht mehr!

Die Symptome

Die folgende Liste zeigt in der ersten Spalte das Hauptsymptom einer Erkrankung, in der zweiten Spalte werden mögliche Nebensymptome genannt. Die vermutlichen Ursachen der Erkrankung werden in der dritten Spalte aufgelistet. Das homöopathische Mittel der Wahl wird in der vierten Spalte vorgeschlagen.

Hauptsymptom	Nebensymptome	Ursache	Homöopathisches Mittel
Appetitstörung			
• Katze hat scheinbar Appetit, wendet sich aber nach wenigen Bissen vom Fressnapf ab	• starke Gasbildung nach der Futteraufnahme	• Leberleiden	• Lycopodium
• Katze rührt das Futter kaum an	• großer Durst, Erbrechen	• Leberleiden	• Sulfur
• Katze ist nervös und ruhelos, verweigert die Futteraufnahme völlig	• Erbrechen am Morgen, Druckempfindlichkeit am Bauch, fauliger Mundgeruch nach dem Aufstoßen	• nicht bekannt	• Nux vomica
• Katze jammert, verweigert Futter	• keine	• Kummer, Sorge, Trauer (z. B. nach Scheinschwangerschaft)	• Ignatia
Bindehautentzündung			
	• Erkältung, Augenschwellung ohne Eiter	• Zugluft oder Wind	• Aconitum napellus
	• Erkältung, Rötung der Bindehaut, Verschlimmerung durch Hitze	• Zugluft oder Wind	• Belladonna
	• Erkältung, Augen morgens geschwollen, verklebt und gerötet, die Katze ist lichtempfindlich	• allgemeine Infektion	• Euphrasia
	• Augenschwellung mit dicken gelblich/grünen Absonderungen, die Katze hat keinen Durst	• Fremdkörper	• Pulsatilla
	• starke Schwellung, die Katze kann das Auge kaum öffnen	• nicht bekannt	• Apis mellifica

Hauptsymptom	Nebensymptome	Ursache	Homöopathisches Mittel
Bindehautentzündung			
	• keine	• Impfung	• Thuja occidentalis
	• keine	• Verletzung	• Arnica montana
Blasenentzündung			
• ständiger Harndrang	• Katze verliert Harn beim Gehen	• nicht bekannt	• Cantharis
• geringe Harnabgabe	• Verbesserung durch Wärme und Ruhe	• Erkältung nach Durchnässung	• Dulcamara
	• keine	• Operation, Trächtigkeit oder Geburt	• Arnika montana
	• keine	• Trächtigkeit	• Sepia
Durchfall			
	• keine	• Erkältung durch Nässe	• Dulcamara
	• Krampfzustände im Magen-Darm-Trakt, harte Bauchdecke, Katze ist nervös und gereizt, oft gepaart mit Erbrechen, Besserung durch Ruhe	• nicht artgerechtes Futter, Aufnahme unverdaulicher Substanzen, zu kaltes Futter, Aufregung	• Nux vomica
	• übel riechender Kot, starker Durst, oft gepaart mit Erbrechen	• verdorbenes Futter	• Arsenicum album
	• übel riechender Kot, starke Gasansammlung, Koliken, Krämpfe, polternde Darmgeräusche, Schwäche	• verdorbenes Futter	• Carbo vegetabilis
• wechselnde Konsistenz und Farbe des Kots	• Drang zur Kotabgabe gleich nach der Futteraufnahme, Katze ist besonders anhänglich	• allergische Reaktion	• Pulsatilla
Entzündung der Haut			
	• keine	• Fremdkörper (Splitter, Dorn)	• Silicea

Hauptsymptom	Nebensymptome	Ursache	Homöopathisches Mittel
Erbrechen			
	• keine	• Gehirnerschütterung, Unfall, Verletzung, chirurgischer Eingriff	• Arnica montana
	• Nahrungsverweigerung	• Transport (Auto, Bahn, Flugzeug, Schiff)	• Cocculus ind.
	• wässriger Durchfall, große Schwäche, blasse Schleimhäute, schwacher Puls	• nicht bekannt	• Veratrum album
• besonders stark, meist gepaart mit starkem Durchfall	• sehr große Schwäche, Überempfindlichkeit, Katze ist gereizt und nervös	• nicht bekannt	• China officinalis
• auffällig lang anhaltend, immer wiederkehrend	• Erbrechen bringt keine Erleichterung	• sehr oft Folge einer Gastritis (Magenschleimhautentzündung)	• Ipecacuanha
• morgens: Galle und Schleim	• Katze hat großen Durst, Verschlimmerung durch Bewegung	• Erkältung/Überhitzung	• Bryonia alba
Erkältung			
	• stark ansteigendes Fieber, schneller Puls, dunkelrote Schleimhäute	• Infektion	• Belladonna
	• Angst, Unruhe, schnell ansteigendes Fieber, starker Durst, Husten, Verschlimmerung gegen Abend	• Erkältung durch Zugluft, kalten Wind	• Aconitum napellus
	• auffällig leichte Symptome, die über mehrere Tage anhalten, geringer Durst, leicht erhöhte Temperatur	• Infektion	• Ferrum phosphoricum
	• häufiges Niesen, meist begleitet von Bindehautentzündung	• vorhergehende Durchnässung	• Dulcamara
	• starker Schnupfen, geschwollene, gerötete Augen, Lichtempfindlichkeit	• Infektion	• Euphrasia
• an warmen Tagen, im Sommer	• langsame Steigerung der Beschwerden, Schnupfen, Niesen, Zittern, Fieber, Katze hat meistens keinen Durst	• nicht bekannt	• Gelsemium

Hauptsymptom	Nebensymptome	Ursache	Homöopathisches Mittel
Furunkel			
	• keine	• Entzündung	• Silicea
Haarausfall			
	• Fell ist glanzlos	• Impfung	• Thuja occidentalis
	• starke Schuppenbildung	• Krankheit, die Säfteverlust und starke Schwächung hervorrief	• China officinalis
	• starker Juckreiz, trockenes, sprödes Fell vorwiegend in der Lendengegend	• Lebererkrankung (?)	• Sulfur
• gleichmäßig rechts und links der Lendenwirbelsäule	• Hautekzeme und Juckreiz	• hohes Alter, Phase vor Rolligkeit oder nach Trächtigkeit, Störungen des Hormonhaushaltes	• Sepia
• lang anhaltend	• Katze ist auffallend anhänglich	• Rolligkeit, Störungen des Hormonhaushaltes	• Pulsatilla
• Haar löst sich beim Anfassen	• Juckreiz, Rötungen, Pusteln in den Gelenkbeugen, Fell ist glanzlos, Katze hat starken Durst	• einseitige Ernährung	• Ernährungsumstellung und Natrium muriaticum
• trockene Haut, juckend	• Katze hat starken Durst trockener Ausschlag mit Juckreiz	• Stoffwechselstörungen	• Sulfur
• bei jungen Katzen am Bauch		• nicht bekannt	• Calcium carbonicum
• in den Gelenkbeugen	• Juckreiz, Rötungen, Pusteln, Fell ist glanzlos, Katze hat starken Durst	• einseitige Ernährung	• Ernährungsumstellung und Natrium muriaticum
• nicht abgegrenzt	• auffallend schnelle Ausbreitung	• Allergie	• Apis mellifica
• Juckreiz, Rötungen, Pusteln	• Juckreiz oft mit Haarausfall verbunden	• Störungen im Hormonhaushalt, Phase vor, während oder nach der Rolligkeit, während der Trächtigkeit oder Säugephase	• Sepia
• kleine juckende Bläschen und Rötungen	• Katze ist unruhig	• Allergie oder Hautreizung von außen	• Rhus toxicodendron

Hauptsymptom	Nebensymptome	Ursache	Homöopathisches Mittel
Husten			
• Reizhusten	• unruhige Stimmung	• Erkältung oder allergische Reaktion	• Belladonna
• trocken, gepaart mit Niesen	• nachts deutliche Verschlimmerung Verbesserung an frischer Luft	• Erkältung	• Drosera
• krampfartig	• Bewegung verschlimmert den Husten, rasselnder Atem	• Erkältung	• Bryonia alba
• Würgen und Schleimerbrechen	• Atemnot durch zähen Schleim	• Erkältung	• Ipecacuanha
• Würgen, Schleim kann nicht ausgeworfen werden	• rasselnde Atmung, Katze ist unruhig, Verschlimmerung bei schönem Wetter, Verbesserung bei feuchter Luft, durch Trinken kalten Wassers	• Erkältung	• Causticum
Insektenstiche			
	• starke Schwellung, Ruhelosigkeit, Verschlimmerung durch Wärme, Verbesserung durch Kälte, Atemnot	• Stiche und Bisse von Bienen, Wespen, Milben, Zecken	• Apis mellifica
	• leichte Schwellung, leichter Juckreiz	• Mücken	• Ledum palustre
Mundgeruch			
• faulig, nach Aas	• starker Durst, Ruhelosigkeit, oft Entzündungen in der Mundhöhle	• Zahnfleischgeschwüre	• Arsenicum album
• faulig, sauer	• Mundgeruch besonders nach der Futteraufnahme, Nervosität, Hektik	• nicht bekannt	• Nux vomica
• faulig	• häufiges Aufstoßen, Blähungen	• nicht bekannt	• Carbo vegetabilis
• faulig	• starker Speichelfluss	• Entzündungen des Zahnfleisches, der Zahnwurzeln, allgemeine Erkrankungen des Mund- und Rachenraumes	• Mercurius solubilis

Hauptsymptom	Nebensymptome	Ursache	Homöopathisches Mittel
Verbrennungen			
	• Schock, Schreck, Angst, Ruhelosigkeit	• offene Flamme, heißes Wasser/Öl	• Aconitum napellus
	• starke Rötung der Haut, Schmerzen, Schwellungen, Ruhelosigkeit, Verbesserung durch Kälte	• offene Flamme, heißes Wasser/Öl	• Apis mellifica
	• starke Schmerzen, Ruhelosigkeit, Ängstlichkeit	• offene Flamme, heißes Wasser/Öl	• Cantharis
	• alte Verbrennung, die schlecht heilt	• offene Flamme, heißes Wasser/Öl	• Causticum
Verletzungen			
• Beschwerden nach Unfällen, Verwundungen, chirurgischen Eingriffen	• Prellungen, Quetschungen, Verstauchungen, Blutergüsse, Gehirnerschütterung, Riss-, Biss- und Stichwunden	• chirurgische Eingriffe, Bisse, Verwundungen aller Art	• Arnica montana
• Risswunden, Wunden mit zerfranstem Gewebe	• schlecht heilende Wunden	• Bisse mit Substanzverlust	• Calendula
• Wunden an besonders empfindlichen Stellen des Körpers	• großflächige Schürfwunden, zerfetztes Gewebe	• Verwundungen aller Art, eingetretene Fremdkörper	• Hypericum perforatum
• tiefe Wunden, Beschwerden durch verschmutzte Wunde	• Verbesserung durch Kälte, Verschlimmerung durch Wärme	• eingetretene Fremdkörper wie Nadeln, Nägel oder verschmutzte Fremdkörper	• Ledum palustre
• Schnittwunden	• Bauchwunden mit verzögerter Wundheilung, Verbände	• Scherben, Rasierklingen, scharfe Metallkanten	• Staphisagria
• sehr stark blutende Wunden, lang anhaltende Blutung	• Wunden brechen auch nach begonnener Wundheilung plötzlich wieder auf	• Verwundungen aller Art	• Phosphorus
• vereiterte Wunden	• starke Schmerzempfindlichkeit, Rötung, Hitze, Schwellung	• Verwundungen aller Art mit Verschmutzung der Wunde	• Hepar sulphuris
• langsame Wundheilung, Entkräftung, Schwächung	• zurückgehende Eiterneigung nach Behandlung mit Hepar sulphurio, Abszessbildung, Fistelbildung	• eingetretene Fremdkörper wie Splitter oder Dornen	• Silicea

Hauptsymptom	Nebensymptome	Ursache	Homöopathisches Mittel
Verletzungen			
• Schock	• starke Ängstlichkeit, Ruhelosigkeit, Aggressivität	• Unfall oder schwere Verletzung	• Aconitum napellus
• Zustand nach starkem Blutverlust	• große Schwäche und Erschöpfung, helle Schleimhäute, Katze ist nervös und reizbar, sie hat Schmerzen bei leichtester Berührung	• Blutverluste bei Operationen	• China officinalis
• Überdehnungen von Bändern und Sehnen	• Katze lahmt, nimmt Schonhaltungen ein, besonders nach längerer Belastung, Bewegung verbessert, Ruhe verschlimmert	• Verstauchungen, Verrenkungen, Zerrungen, Quetschungen	• Rhus toxicodendron
• Überdehnung von Bändern und Sehnen	• Katze legt sich nieder und vermeidet Bewegung, denn jede Bewegung verschlimmert	• Verstauchungen, Verrenkungen, Zerrungen, aber auch Quetschungen	• Bryonia alba
• Knochenbrüche	• Prellungen mit Verletzungen des Knochens u./o. der Knochenhaut	• Unfall	• Symphytum
• Knochenbrüche	• stagnierender Heilungsprozess	• Unfall	• Calcium phosphoricum
Verstopfung			
• häufiger, vergeblicher Pressdrang	• Abgang kleiner Kotmengen, vergebliches Pressen, harter Kot, Bauchkrämpfe, Blähungen	• nicht bekannt	• Nux vomica
• schmerzhafter, krampfartiger Pressdrang	• trockener, harter Kot, oft schwarz und klumpig	• nicht bekannt	• Plumbum
• schwieriger Kotabgang	• wenig Pressdrang, harter, trockener Kot, Bewegungsunlust	• nicht bekannt	• Bryonia alba
• kein Pressdrang	• chronische Verstopfung, harter Kot, oft mit Schleim bedeckt	• Alter der Katze	• Alumina
Warzen			
	• keine	• Warzenviren	• Thuja occidentalis • Calcium carbonicum

Auch für Katzen ist die Erste Hilfe die wichtigste.

Erste Hilfe

Oft können Sie mit ersten Maßnahmen viel Gutes bewirken, aber nur dann, wenn Sie die Situation im Griff haben. Im Zweifelsfall sollten Sie allerdings kein Risiko eingehen und mit Ihrer kranken Katze unverzüglich zum Tierarzt gehen. Angezeigt ist dies, wenn:

- innere Verletzungen vorliegen oder vermutet werden.
- Bisswunden vorliegen (sie sind meist tief und oft infiziert).
- Riss- oder Platzwunden größer als zwei Zentimeter sind.
- Wunden sehr stark bluten.
- Wunden sich in Gelenknähe befinden.
- Knochenbrüche anzunehmen sind.
- motorische und/oder sensible Ausfälle zu beobachten sind.
- das Tier starke Schmerzen hat.
- das Tier bewusstlos ist.
- das Tier eine Behandlung durch den Halter nicht zulässt, weil es aggressiv auf die Maßnahme reagiert.

Bewegen Sie eine kranke oder verletzte Katze so wenig wie möglich! Am besten schiebt man dem Tier ein reißfestes Tuch oder eine Decke unter und hebt es damit vorsichtig in die Transportbox. Für den Krankentransport empfiehlt sich eine Box mit abnehmbarem Dach; so hat der Arzt den besten Zugriff, wenn Sie in der Praxis angekommen sind.

94

Um zusätzliche Schmerzen zu vermeiden, sollten beim Transport des Tieres verletzte Gliedmaßen oben, verletzte Weichteile dagegen unten liegen.

Behandlung von Wunden und Vergiftungen

Eine erste Wundbehandlung oder Erste Hilfe bei Vergiftungen können Sie meistens selbst vornehmen. Beachten Sie dabei, dass verletzte Tiere oft unter Schock stehen. Die Katze zunächst zu fixieren ist daher besonders wichtig, denn schließlich sollen Sie selbst hinterher nicht Ihre eigenen Wunden versorgen müssen.

Blutende Wunden

- Blutende Wunden sollte man kurz ausbluten lassen, damit grobe Verschmutzungen aus der offenen Wunde herausgespült werden.
- Kommt eine Blutung nach etwa zehn Minuten nicht zum Stillstand, nehmen Sie eine Mullbinde, tauchen diese in kochendes Wasser und drücken sie anschließend mit leichtem Druck auf die Wunde. Nicht reiben oder tupfen und die Wundränder zusammenführen.
- Sickert das Blut durch, wechseln Sie die Mullbinde nicht gegen eine neue aus, sondern Sie legen auf die erste eine neue Binde.
- Wenn die Blutung nicht zum Stillstand kommt, legen Sie einen Druckverband an und suchen schnell einen Tierarzt auf.

95

Besteht die Gefahr, dass eine Wunde verschmutzt wird, dann legen Sie einen Verband an, der gut gepolstert ist und nicht zu fest sitzt.

Bisswunden

Bisswunden sind oft punktförmig und klein, aber tief. Sie sollten gespült und offen gehalten werden. Bei kaum blutenden Wunden schneiden Sie das Fell um die Wunde kurz und desinfizieren mit dreiprozentiger Wasserstoffperoxid-Lösung oder essigsaurer Tonerde.

Ein Umschlag mit essigsaurer Tonerde lindert den Schmerz und fördert die Heilung bei Schürf- und Bisswunden.

Augenverletzungen

Vorsicht bei Augenverletzungen! Eventuell vorhandene Fremdkörper müssen sorgfältig aus dem Auge entfernt werden, damit sie die Hornhaut nicht noch weiter verletzen. Anschließend wird das Auge gründlich mit klarem Wasser ausgespült.

Verbrennungen

Bei Verbrennungen heißt die allererste Regel: Verbrannte Körperteile mit kaltem Wasser abspülen – so lange und so intensiv Ihre Katze das aushält. Kühle Umschläge oder Eisbeutel bieten sich für die anschließende Behandlung an. Gekühlter Naturjoghurt, dünn aufgetragen, lindert den Schmerz, versorgt die Haut mit der nötigen Feuchtigkeit und trägt zur Beruhigung bei. Eine Alternative ist flüssiger Bienenhonig, den Sie auf die Verbrennung streichen.

96

Das Bestreichen der Verletzung mit Schmerz linderndem Honig ist besonders bei offenen Brandwunden ratsam.

Insektenstiche

Die schmerzhaften Folgen von Insektenstichen lassen sich durch eine Behandlung mit Essigwasser mindern. Tupfen Sie dazu mit einem Leinentuch, das Sie in Essigwasser (fünf Teile Wasser, ein Teil Essig) getränkt haben, die betroffenen Stellen gut ab.

Vergiftungen durch ätzende Substanzen

Bei Vergiftungen ist nach Möglichkeit festzustellen, ob die Katze ätzende Giftstoffe aufgenommen hat, etwa Laugen oder Säuren. In diesen Fällen dürfen Sie das Tier auf keinen Fall zum Erbrechen bringen, weil sonst Speiseröhre und Mundhöhle erneut verätzt werden können. Spülen Sie das Maul mit viel klarem Wasser aus, und geben Sie Ihrer Katze so viel zu trinken, wie sie aufnehmen kann.

Darüber hinaus gibt es einige lindernde Heilmittel bei Verätzungen: Milch, Eiklar oder Olivenöl eignen sich sehr gut als Schleimhautschutzmittel, wenn die Katze ätzende Substanzen verschluckt hat.

Allgemeine Vergiftungen

Bei Vergiftungen, deren Ursachen unklar sind oder die möglicherweise durch nicht ätzende Substanzen ausgelöst wurden, etwa durch giftige Pflanzen oder Giftköder, bringen Sie das Tier zum Erbrechen. Allerdings nur dann, wenn die Katze bei Bewusstsein ist.

Brechmittel

Verabreichen Sie Ihrer Katze zum Brechen alle 10 Minuten einen Teelöffel Speisesalz oder Salzwasser, das Sie mit drei Teelöffeln Salz auf eine halbe Tasse lauwarmes Wasser selbst hergestellt haben. Als Alternative hierzu geben Sie dem Tier einen halben Teelöffel Salz oder einen Teelöffel Senf direkt auf den Zungengrund. Das wirkt!

Haben Sie die unten genannten Substanzen im Haus, so sind sie ebenfalls im Notfall als Brechmittel geeignet:

- dreiprozentige Lösung Wasserstoffperoxid (H_2O_2)
- Brechwurzelsirup (2 Milliliter pro Kilogramm Körpergewicht).

Hat Ihre Katze möglicherweise ein fettlösliches Gift verschluckt, so dürfen Sie ihr keinesfalls Milch verabreichen, da diese die Aufnahme des Giftstoffes im Körper eher noch begünstigt.

Achtung: Für die medizinische Weiterbehandlung im Fall einer Vergiftung ist es hilfreich, wenn Sie eine Probe des Erbrochenen für die genaue Bestimmung mit zu Ihrem Tierarzt nehmen.

Verschluckte Fremdkörper

Bei einem verschluckten Fremdkörper, der durch Auslösen eines Erbrechens nicht entfernt werden kann (beispielsweise Nähnadel oder Heftzwecke), wird rohes Sauerkraut kurz durchgespült und dann der Katze in kleinen Portionen verabreicht. Und so wirkt dieses Hausmittel: Sauerkraut wird nicht verdaut, legt sich um den Fremdkörper herum und hilft, ihn sicher nach draußen zu befördern.

97

Vergiftungen können auch auftreten, wenn die Katze giftige Pflanzen frisst. Vergleichen Sie dazu die Liste auf Seite 26.

98

Hat Ihre Katze einen scharfkantigen Fremdkörper verschluckt, verabreichen Sie Sauerkraut in kleinen Portionen: Es beugt einer Verletzung von Magen- und Darmschleimhaut vor.

Verschmutztes Fell

Butter eignet sich hervorragend, um fettlösliche Substanzen aus dem Fell zu entfernen. Reiben Sie Ihre Katze damit ab, wenn ihr Fell mit Motoröl, Farben oder ähnlichen Stoffen verschmutzt ist.

Homöopathische Erste Hilfe

Wenn Sie sich mit der Homöopathie vertraut gemacht haben, können Sie für Erste-Hilfe-Maßnahmen auch homöopathische Mittel anwenden. Für Notfälle sollten die homöopathischen Arzneien Arnika und Calendula extern in ausreichender Menge vorhanden sein.

Reihenfolge der Behandlung

Nach einem Unfall hat ein Tier oft viele verschiedene Verletzungen. Natürlich kann man im Sinne der Homöopathie nicht alles auf einmal behandeln, sondern nur ein Symptom zu einer Zeit. Als wichtigstes Mittel hat sich Arnika erwiesen, da es gegen die Folgen des Schocks wirkt. Dann werden die Folgemittel eingesetzt, die aber eventuell auch schon Wirkungen auf andere Symptome zeigen. Zur Bestimmung der Reihenfolge gilt: Das erste Mittel soll auch das vordergründigste Symptom behandeln, also dasjenige, das am meisten auffällt. Danach verabreichen Sie der verletzten Katze Stück für Stück die homöopathischen Globuli oder Tropfen gegen die anderen Symptome.

Die Homöopathie geht vom Individuum aus. Das bedeutet: Nicht jeder, der die gleichen Symptome hat, bekommt auch das gleiche Mittel verabreicht.

Wundreinigung

Zur ersten Wundreinigung empfiehlt sich Calendula extern. Das Mischungsverhältnis 20 Tropfen auf einen Esslöffel Wasser ist für diesen Zweck gut geeignet. Tränken Sie ein ungefärbtes, sauberes Baumwolltuch mit dieser Lösung. Reinigen Sie die Wunde damit vorsichtig, aber gründlich, mit besonderem Augenmerk auch auf die Wundränder. Als Alternative empfiehlt sich Ringelblumenöl.

Mittel zur Ersten Hilfe

In jedem Haushalt sollte ein Erste-Hilfe-Kasten vorhanden sein, damit wir im Notfall Mensch und Tier zu Hilfe kommen können. Überprüfen Sie in regelmäßigen Abständen das Haltbarkeitsdatum der Arzneimittel. Wechseln Sie diese nach und nach aus, wenn das Verfallsdatum abgelaufen ist. Lagern Sie die kleine Hausapotheke stets kühl, trocken und lichtgeschützt. Stets griffbereit sollten sein:

- ▶ Fieberthermometer
- ▶ Einwegspritzen (Kolben ohne Nadeln)
- ▶ Brandmull, Wundgaze, sterile Tupfer, Verbandwatte
- ▶ unterschiedlich dicke und feste Bandagen (Elastikbinden)
- ▶ Befestigungsmaterial für Binden und Bandagen (Leukoplast)
- ▶ Desinfektionsmittel (Alkohol, Jod) für Wunden
- ▶ Pinzette mit stumpfen Enden
- ▶ Zeckenzange zum Herausdrehen der Parasiten
- ▶ scharfe Schere mit abgerundeten Spitzen
- ▶ Brandsalbe, Wundsalbe
- ▶ Vaseline oder Melkfett gegen Hautverletzungen.

100

Mit einer Erste-Hilfe-Box, wie sie hier zusammengestellt ist, sind Sie für Notfälle bei Mensch und Tier bestens gerüstet.

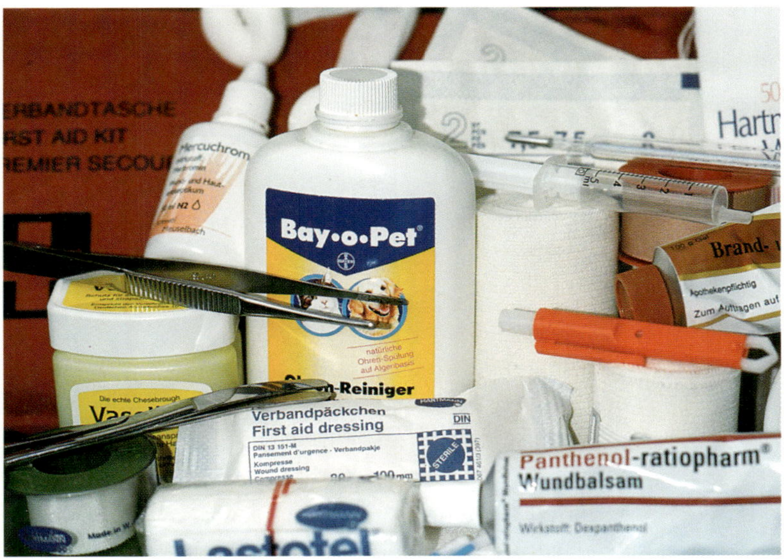

Eine gut ausgestattete Hausapotheke sollte alles zur Ersten Hilfe bereit halten.

Krankheitssymptome von A bis Z

Vorbeugen ist besser als Bekämpfen: Schützen Sie Ihre Katze durch richtige Ernährung und Pflege.

Wichtig ist, dass Sie rechtzeitig eine Entscheidung darüber treffen, wann es ausreicht, die Selbstheilungskräfte des erkrankten Tieres zu stärken, wann Sie mit bewährten Haus- oder Naturheilmitteln arbeiten können oder wann es Zeit ist für einen Tierarztbesuch und die entsprechende schulmedizinische Medikation.
Auf den folgenden Seiten finden Sie Krankheitssymptome alphabetisch aufgelistet. Diese Zusammenstellung soll Sie dabei unterstützen, den Krankheitskomplex einzugrenzen. Bei Verdacht auf schwere Erkrankungen solten Sie immer den Tierarzt aufsuchen.

Symptom	Erkrankung (Arztbesuch empfohlen)	Erkrankung (Naturheilmittel)
Abmagerung	Viruserkrankungen, Katzenschnupfen oder Leukose, Zuckerkrankheit, chronische Organerkrankungen, Tumorerkrankungen, starker Parasitenbefall, oft mit Magen-Darm-Würmern (Bandwurm!).	Nebenerscheinungen der Diabetes: Kurkuma, S. 65.
Abszesse		Folge von Bissen und Kratzern: Fencheltee S. 64.
Augenerkrankungen	Infektionen, Hornhautverletzungen.	Zugluft, Bindehautentzündung, Reizungen durch Chemikalien, Sand, Pollen, Gras, Haare: Fencheltee S. 64, Kamillenaufguss S. 23.
Austrocknung	Infektionen mit den Viruserkrankungen FIP, Katzenschnupfen, Katzenseuche, Unterfunktion der Nebennierenrinde, Gebärmutter- oder Darmentzündung.	Durchfall S. 56.
Atemnot	Katzenschnupfen, Infektionen der Atemwege (Lungenentzündung), Lungenödem, Asthma, Herzfehler, Riss im Zwerchfell, Pneumothorax, Brust- und Rippenfellentzündung.	Fremdkörper: Brechmittel, S. 87.

Symptom	Erkrankung (Arztbesuch empfohlen)	Erkrankung (Naturheilmittel)
Apathie	Infektionen, Katzenschnupfen, Katzenseuche, Leukose, Lungenentzündung, Blutverlust, Magenschleimhautentzündung, Schock, Erkrankung der Bauchspeicheldrüse, Brust- und Rippenfellentzündung, Unterfunktion der Nebennierenrinde, Nierenversagen, Blasenentzündung, Gebärmutterentzündung, Lebererkrankung, aufgenommene Fremdkörper, Durchfall, Darmentzündung.	
Bewegungsunlust	Gelenkentzündung, Vitamin-A-Vergiftung.	
Bewusstlosigkeit	Sturz, Unfall, Schlag auf den Kopf, Infektionen des Zentralnervensystems, Verletzungen des Gehirns.	
Blähbauch	FIP oder Leukose, Überfunktion der Nebennierenrinde, Gebärmutterentzündung.	
Blutiger Kot	Wurmbefall, anhaltender Durchfall, Katzenseuche, Fremdkörper im Darm.	
Blut im Urin	Blaseninfektion, Harnsteine.	
Durchfall	FIP, Katzenseuche, Leukose, Vergiftung, Magenschleimhautentzündung, Nierenversagen, Erkrankung der Leber, Erkrankung der Bauchspeicheldrüse.	Ernährungsfehler.
Erbrechen	FIP, Katzenseuche, akutes Nierenversagen, Erkrankung der Leber, Erkrankung der Bauchspeicheldrüse, Riss im Zwerchfell, Darmentzündung, Darmverschluss, Unterfunktion der Nebennierenrinde, Gebärmutterentzündung, Magenschleimhautentzündung.	Verschluckte Fremdkörper, Vergiftung: Brechmittel S. 87.
Erhöhte Herzfrequenz	Schilddrüsenüberfunktion.	
Fieber	FIP, Katzenseuche, Leukose, Brust-, Rippenfell- und Lungenentzündung, Gebärmutterentzündung.	
Futterverweigerung	Infektionen mit FIP, Katzenschnupfen, Leukose, Magenschleimhautentzündung, Darmentzündung, Lebererkrankung, Unterfunktion der Nebennierenrinde, akutes Nierenversagen, Erkrankung der Bauchspeicheldrüse, Lungenentzündung, Blaseninfektion.	Zahn- und Zahnfleischentzündungen, Fremdkörper, Vergiftung: Brechmittel S. 87, Zahnpflege S. 25f. Protest gegen neues Futter oder mangelnde Zuwendung S. 41f.

Symptom	Erkrankung (Arztbesuch empfohlen)	Erkrankung (Naturheilmittel)
Niedrige Herzfrequenz	Schilddrüsenunterfunktion.	Parasitenbefall, Ernährungsfehler, Allergie.
Haarausfall	Hormonstörung, Stoffwechselstörung, Pilzbefall, Überfunktion der Nebennierenrinde.	Fehlverhalten: Ständiges Belecken führt zum Haarausfall (psychische Belastung wie beispielsweise Trauer), Vergiftung.
Hauterkrankungen	Stoffwechselstörung.	Allergien, Milbenbefall, Fehlernährung, eingetretene Fremdkörper (Dornen, Splitter): Kamillenaufguss S. 23, Parasitenmittel S. 24. Vergiftung (Rattengift): Brechmittel, S. 87.
Husten	Katzenschnupfen, Fremdkörper im Bereich der Atemorgane, Infektion der Atemwege, Lungenentzündung, Lungenödem, Kehlkopfentzündung.	
Kopfschütteln	Ohrmilben, Gehörgangsentzündung.	Überschüssiges Ohrenschmalz: S. 22f.
Krämpfe	Infektionen des Zentralnervensystems, angeborene Epilepsie, Wundstarrkrampf (Tetanus).	Vergiftungen, Mangel an Vitamin-B, starke Unterkühlung: Nahrungsumstellung S. 34.
Lahmheit	Verstauchung oder Fraktur, Sehnenriss, Bänderriss, Vitamin-A-Vergiftung.	Fremdkörper im Bereich der Pfotenballen, Rheuma.
Mundgeruch	Nierenkrankheit (besonders bei Uringeruch).	Zahnstein, Fehlernährung: Nahrungsumstellung S. 34, Zahnpflege S. 25 f.
Nasenbluten	Infektion der Atemwege, Fremdkörper im Bereich der Atemwege, Unfallfolge, Schnupfen, Katzenschnupfen, Lungenödem.	
Schmerzen beim Harnabsatz	Blaseninfektion, Harnsteine, Harnverhaltung.	Durchfall: Heilfasten S. 56.
Schmerzreaktion beim Berühren des Bauches	Katzenseuche, Fremdkörper im Bereich des Magen-Darm-Traktes, Blaseninfektion, Gebärmutterentzündung.	
Starkes Speicheln	Lebererkrankung, Katzenschnupfen.	Entzündeter Zahn, entzündetes Zahnfleisch, Fremdkörper im Maul oder Schlund: Brechmittel S. 87, Zahnpflege S. 25 f.
Schiefhalten des Kopfes	Fremdkörper im Ohr, Vitamin-B-Mangel, Unfallfolge.	Entzündung des äußeren Gehörganges, Mittelohrentzündung: S. 22f.
Schwierigkeiten bei der Futteraufnahme	Mandelentzündung, Fremdkörper im Maul oder Schlund, Kieferverletzung o. Ä. als Unfallfolge, Schnupfen.	Entzündeter Zahn, entzündetes Zahnfleisch: Zahnpflege S. 25f.

Symptom	Erkrankung (Arztbesuch empfohlen)	Erkrankung (Naturheilmittel)
Starker Juckreiz	Genetisch bedingte Hautentzündung (Atopie).	Parasitenbefall – vor allem durch Flöhe, allergische Reaktion auf Futter oder Katzenstreu: S. 24.
Stumpfes Fell	Überfunktion der Nebennierenrinde, Lebererkrankung, anhaltender Durchfall, entzündliche Prozesse im Körper (Gebärmutter).	Ernährungsfehler: S. 34.
Sehschwäche, Blindheit	Infektionskrankheit, Verletzung des Auges durch Fremdkörper, Auflösung der Netzhaut, Grüner Star, Bindehautentzündung, altersbedingte Sehschwäche.	Nickhautvorfall (z. B. ausgelöst durch Parasitenbefall): S. 24.
Tränende Augen	Katzenschnupfen.	Kratzverletzung, Fremdkörper im Auge, bakterielle Entzündung, Entzündung ausgelöst durch Zugluft, angeborene Lidmissbildung, Schnupfen: S. 23.
Unsauberkeit	Fehlverhalten aufgrund psychischer Belastung, Infektion der Harnwege, Blasenschwäche.	
Untertemperatur	Infektionskrankheit, Vergiftungsfolge.	
Übererregbarkeit	Schilddrüsenüberfunktion, Veränderungen im Gehirn.	Schockfolge, Angst, Reaktion auf neue Katze im Haus (Änderung der Rangfolge).
Übermäßiger Appetit	Überfunktion der Nebennierenrinde, Diabetes (Zuckerkrankheit).	
Übermäßiges Trinken	Überfunktion der Nebennierenrinde, Erkrankung der Bauchspeicheldrüse, Diabetes, Blaseninfektion, entzündliche Prozesse (Gebärmutter), Leukose.	
Vermehrter Harnabsatz	Diabetes, Blaseninfektion, Überfunktion der Nebennierenrinde, Erkrankung der Bauchspeicheldrüse.	
Verstopfung	Darmentzündung, Fremdkörper oder Haarballen im Darm, akutes Nierenversagen, Darmverschluss, Erkrankung der Bauchspeicheldrüse.	
Verminderter Harnabsatz	Harnsteine, Harnverhaltung, akutes Nierenversagen.	
Zittern der Augäpfel	Genetische Veranlagung, Gehirnerschütterung und -schädigung, Erkrankung des Zentralen Nervensystems.	

Impressum

© 2000 Südwest Verlag, München, in der Econ Ullstein List Verlag GmbH & Co. KG, München.

Redaktion:
Dr. Margit Brand

Projektleitung:
Antje Eszerski

Redaktionsleitung:
Dr. Reinhard Pietsch

Bildredaktion:
Tanja Nerger

Produktion:
Manfred Metzger (Leitung), Annette Aatz, Dr. Erika Weigele-Ismael

Umschlag:
Till Eiden

DTP/Satz:
Veronika Moga

Druck:
Weber Offset, München

Bindung:
R. Oldenbourg, München

Printed in Germany

Gedruckt auf chlor- und säurearmem Papier

ISBN 3-7787-3823-2

Über den Autor

Christian Kühl studierte Biologie und Pädagogik. Sein besonderes Interesse gilt den Themen Tierverhalten und Verhaltensbeobachtung sowie der Anwendung von natürlichen Heilmethoden bei Tieren und Maßnahmen zur Krankheitsvorbeugung. Er hat bereits mehrere Bücher über artgerechte Katzen- und Hundehaltung verfasst.

Hinweis

Das vorliegende Buch ist sorgfältig erarbeitet worden. Dennoch erfolgen alle Angaben ohne Gewähr. Weder Autor noch Verlag können für eventuelle Nachteile oder Schäden, die aus den im Buch gemachten praktischen Hinweisen resultieren, eine Haftung übernehmen.

Empfehlenswerte Bücher

Dalet, Dr. Roger: Akupressur hilft Hunden, Katzen und Vögeln. Heilen Sie selbst Ihr Tier durch einfachen Fingerdruck, NaturBuch Verlag, Melsungen 1982.
Edelmann, Renate: Mit Bach-Blüten unsere Haustiere heilen, Ansata-Verlag, Interlaken 1990.
Fox, Michael: Massier Dein Tier! – Natürliche Wege zur Gesundheit von Hunden und Katzen, Müller-Rüschlikon Verlag, Cham 1995.
Kauffmann, Detlef & Kühl, Christian: Die Tiersprechstunde – Ratgeber für Katzenfreunde, Rasch und Röhring Verlag, Hamburg 1994.
Kühl, Christian: Die Körpersprachen der Haustiere, Ariston Verlag, Genf/München 1989.
Kühl, Christian: Mensch und Katze, Ariston Verlag, Genf/München 1993.
Norten, Ellen & Pütz, Jean: Das Hobbythek-Katzenbuch, Tips und Rezepte für gesundes Futter und natürliche Pflege, VGS Verlagsgesellschaft, Köln 1997.
Tellington-Jones, Linda & Taylor, Sybil: Der neue Weg im Umgang mit Tieren – Die Tellington-Touch-Methode, Franckh-Kosmos Verlag, Stuttgart 1993.

Bildnachweis

Arteria Photography, Kassel: 70, 89 (Dr. med. M. Eberhardt); IFA-Bilderteam, Taufkirchen bei München: 10 (R. Maier), 36 (BCI), 43 (Danegger), 55 (Ritterbach), 71 (Noczynski); Image Bank, München: Vorsatz (David de Lossy), 11, 19, 29, 33 (Vikki Hart), 14 (Deborah Gilbert), 15 (Steve Grubman), 49 (Paolo Curto), 50 (H. de Lespinasse), 57 (Yannick le Gal); Juniors, Senden: 5, 38, 41, 45 (S.Born), 20, 27, 48, 84 (U. Schanz), 24 (H. Weiss), 31 (St. Liebold), 42 (R. Zeitz), 52 (H. Botzenhardt), 61 (G. Caspersen), U4-Einklinker (J. u. P. Wegner); Laux, Biberach a. d. Riß: 77, 80 (H. E Laux); Mauritius, Mittenwald: 6 (Stuewer), 8 (ACE), 22 (Reinhard), 30, 78 (Cash), 39 (Lorenzo), 75 (Schmidt), 76 (Cotton), 82 (Auli), 90 (Prenzel); Südwest Verlag, München: 25 (Schliack), 68, 85 (M. Tunger), 72, 73 (Ch. Kargl), 34, 35, 37, 46, 66, 69, 86 (S. Sperl), 64, 26, 58 (K. Newedel), 51 (N.N.), 58; Tony Stone, München: 13 (Patricia Doyle), 47 (Gabor Geissler), 62 (Christel Rosenfeld), 65 (John Turner), Nachsatz (Walter Hodges); Tunger Matthias, München: 17, 18; Zefa, Düsseldorf: U1, U4-Fond (Lenz).

Register